雲南の山々（崖と崖の間に、かつての滇越鉄道、現在の昆明＝ベトナム間鉄道の鉄橋が見える。2001 年撮影）（上）
麗江郊外の風景（雲南の高い山々を望む。1986 年撮影）（下）

雲南省少数民族分布図

（雲南省編集組編の調査報告書を元に、その他複数の資料を参照し、筆者の私見を加えたもの）

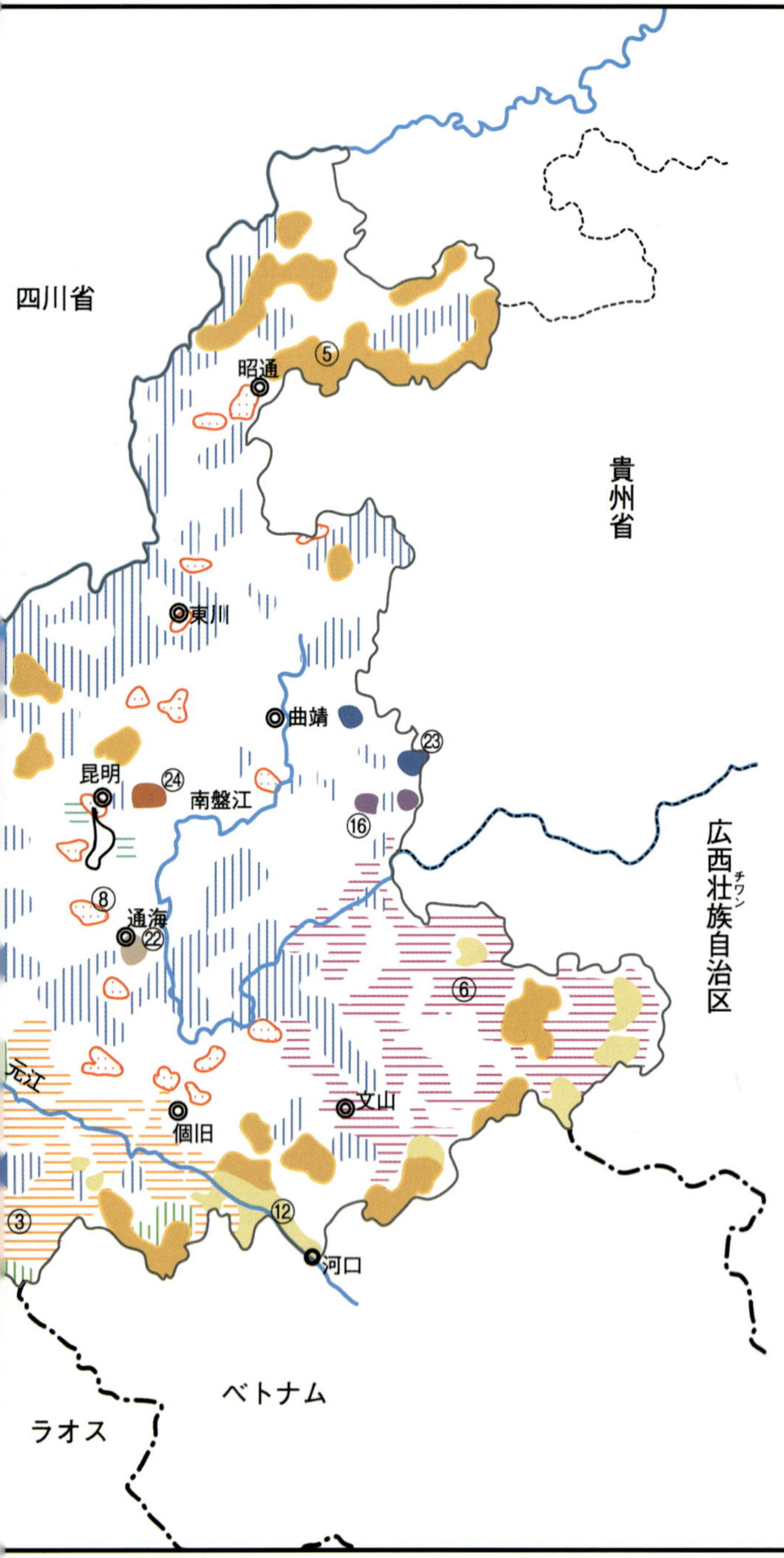

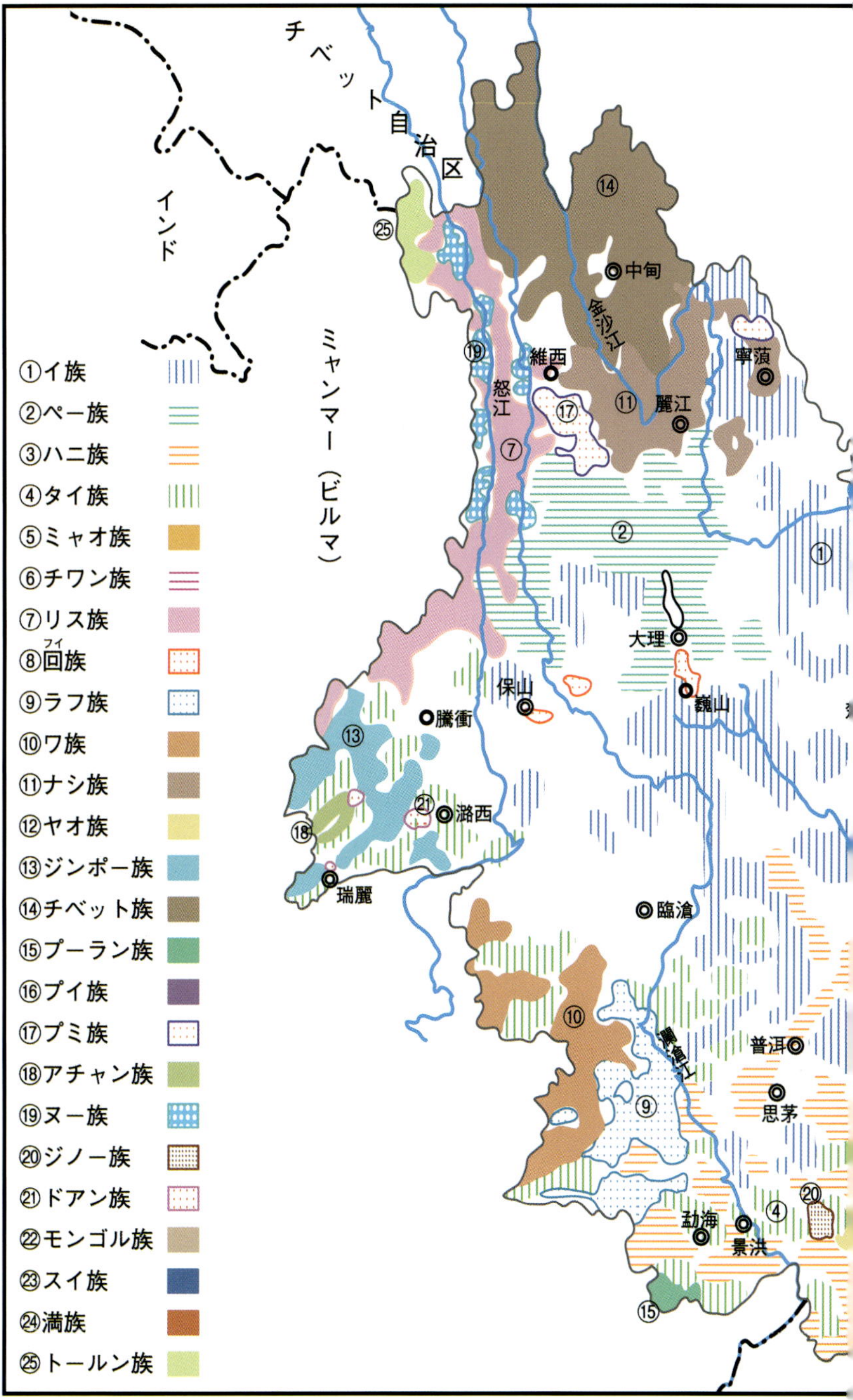

①イ族
②ペー族
③ハニ族
④タイ族
⑤ミャオ族
⑥チワン族
⑦リス族
⑧回《フイ》族
⑨ラフ族
⑩ワ族
⑪ナシ族
⑫ヤオ族
⑬ジンポー族
⑭チベット族
⑮プーラン族
⑯プイ族
⑰プミ族
⑱アチャン族
⑲ヌー族
⑳ジノー族
㉑ドアン族
㉒モンゴル族
㉓スイ族
㉔満族
㉕トールン族
チベット自治区
インド
ミャンマー（ビルマ）
中甸
金沙江
維西
寧蒗
麗江
怒江
大理
保山
巍山
騰衝
潞西
瑞麗
臨滄
瀾滄江
普洱
思茅
勐海
景洪

イ族の祭司ピモ（楚雄イ族文化研究所にて。1985 年撮影）（上）
イ文字で書かれた経典（1985 年撮影）（下）

[あじあブックス]
071

雲南の多様な世界

歴史・民族・文化

栗原 悟

大修館書店

目次

一　はじめに――雲南へのいざない

雲南との出会い

東南アジアとチベットに接する、中国大陸の奥地に雲南《うんなん》と呼ばれる地域がある。その昔、中国の人々にとって雲のかなたの南方にあると考えられてきた世界である。今日、日本の多くの人々が「雲南」と聞いて、まず何を思い浮かべるだろうか。幾重にも連なる山々、高原から見渡す雄大な風景、石灰岩が侵食されて生じた奇岩《きがん》が林立する地形（石林《せきりん》）、世界でも珍しい植物の宝庫、その大地に住む様々な民族……。近年の学術研究の成果によって、雲南がイネ（稲）や茶の起源地域の一つとして注目されてきたことを知っている人も少なくないだろう。また、最近では陸上選手などの高地トレーニングの場所としても知られるようになってきている。

私がこのような雲南にある種の「憧れ」をもって研究をはじめたのは、一九七〇年代後半の頃である。当時はまだ中国において自由に長期滞在が許されなかった時代でもあった。その頃、私は中国語の文献や漢籍、ならびに欧文の文献などを通じて雲南の世界に魅了され、はやく雲南に長期滞在できることを夢見ていた。私がはじめて雲南を訪れたのは、一九八〇年代初め、恩師白鳥芳郎先生を団長にした雲南学術旅行で、その時は主に雲南の西双版納《シーサンパンナ》タイ族の水かけ祭り（潑水節《ポーシュイジイエ》）を見聞するものであった。はじめて雲南に行った時の新鮮な気持ちは今でも忘れない。

その後、限られた地域なら、雲南に個人でも行くことができるようになった。私は八五年から八七年の三年（実質二年半）にわたって、雲南の省都昆明《こんめい》にある、少数民族の幹部養成の高等教育機関である雲南民族学院（現在は雲南民族大学）で教鞭をとりながら、その一方で雲南の歴史や少数民族の社会や文化などの研究を行った。あれからすでに二〇年以上が経とうとしている。その間、何度か雲南各地を訪れたが、近年の変貌ぶりは目を見張るものがある。その意味からも、八〇年代に長期滞在したことによって、当時の雲南全体のどこか〝のどかで牧歌的な〟雰囲気にふれた経験は自分にとって今なお貴重なものとなっている。

雲南の魅力

雲南の魅力とは何かと聞けば、人によって答えが異なるかもしれない。それぐらい雲南は多様性に富んだ所である。私も雲南の魅力はと問われれば、際限なく（時間と場所が許されるなら一晩中でも）語ることができる。このような雲南の魅力の源泉はと言えば、やはりその独特な地形と植生、その大地に住む様々な民族とその文化の多様さであろう。

現在、開発が進む雲南ではかなり交通が整備されつつあるが、私が長期で滞在していた八〇年代では、ある程度離れた都市まで移動するには長距離バス（お世辞にも綺麗とは言えない、どちらかと言えば、おんぼろな）に乗るしか方法がなかった。しかし、そのおんぼろバスの中から見た雲南の風景は強烈に私の目に焼きついている。たとえば、ある都市から別の都市まで行くには、常に山を越えて行かねばならない。クネクネ曲がる山道を大きく右に左にと乗客同士で肩を揺らしながら、バスはスリリングに山の崖道を走り抜けて行く（実際に崖から落ちた車をなんどとなく見かけた）。やっとのことで山頂付近まで上ってくると、パアッと私の眼下に別の大きな山間盆地が広がる。こうした体験は私に、雲南の独特な地形についてとても興味をもたせるきっかけとなった。

このような雲南特有の大地に、様々な民族が生活を営んでいる。現在、雲南省の総人口の三分の二は漢族が占めるに至ってはいるが、かつて雲南はむしろ漢族ではない人々、すなわち現在の少数民族が主に居住していた。現在では、中国国内の五五少数民族のうち半数近い二五の少数民族が雲南省内に居住している。

歴史上、言語や文化が異なる諸民族の交錯地帯であった雲南には、いろいろな民族文化が交じりあっている。これらの民族文化とは、東南アジア的基層文化の上に、中国の北方文化ならびにチベット系文化が積み重ねられ、さらに東方からの中国（漢）系文化と、西方からのインド系文化が波及するという、多様な世界である。まさに雲南は、諸文化の十字路と呼ぶにふさわしい地域と言えるだろう。

雲南という呼称

雲南という呼称は、古く漢代にその名は現れ、現在の雲南省中西部の祥雲《しょううん》地方に雲南県が置かれた。その後は、いくつかの郡の一つとして、雲南郡が置かれた。唐代になって、雲南西部の大理地方に勃興する南詔《なんしょう》国の王に唐朝は雲南王の称号を与えた。その後、南詔はほぼ雲南を統一した。一三世紀に入ると、北方から勢力を拡大したモンゴル軍に支配され、現在の昆明に雲南行政の拠点が置かれたのをきっかけに、その後、省名は雲南となったのである。

では、なぜ雲南と呼ばれたのであろうか。その由来には諸説がある。一つは、漢の武帝の時、五色の雲が南方に現れたとする「彩雲南現」の逸話からその名を得たとする説や、雲嶺《うんれい》（山脈）の南にあったからだとする説などがある。ちなみに雲南の「南」の字源は古く南人（苗人）が用いた楽器（銅鼓《どうこ》）に由来する字形だという解釈もある。

このように雲南は一つの地名が時代とともに拡大してゆく例であるが、一方、昆明という地名は移動の例に類するものである。現在、昆明は雲南省の省都であるが、もともと「昆彌《こんみ》」などと称された牧畜系民族集団の名から発したとも考えられている。「昆彌」は昆明蛮《こんめいばん》とも称され、かつては雲南西北部を中心に勢力を有していたが、元朝に雲南が支配されると、現在の場所に置かれ、それ以降、昆明が省都となっていく。昆明といえば、その近くに滇池《てんち》と呼ばれる有名な湖がある。では、滇《てん》という呼称はどこからきたのであろうか。漢代に、この湖の周辺に「滇」と呼ばれる部族（国）が勢力を有していたことが司馬遷の『史記』「西南夷列伝《せいなんいれつでん》」などに記されており、その実在に関しては一九五〇年代に湖畔の石寨山《せきさいざん》遺跡から漢王朝が授けた「滇王」の印が発見されたことによってあらためて証明された。この滇国の呼称に由来して滇池と呼ばれるようになった。その後、主に明代以降、滇が雲南の別称として使われはじめ、今日に至っている。

雲南に生きた人々の足跡

現在、開発の進む雲南では、昔ながらの風景が徐々に見られなくなりつつある。しかしながら、今なお局地的にではあるが昔ながらの姿を留めている地域もあり、名所旧跡や遺跡・遺物などからかつて雲南に生きた人々の足跡を垣間見ることもできる。

たとえば、雲南西北部の一部に今なお残る宿場や馬屋の跡、そして街道、山道の石の上に刻まれた数々の蹄《ひづめ》の跡。これらの足跡は、その昔、荷を運んだ馬（雲南馬、騾馬《らば》）たちと人々の往来のはげしさを物語るものである。雲南では、歴史上、幾多の交易ルートが形成されたが、なかでも雲南ビルマルートは漢代をはじめ唐代頃までは四川、雲南、ミャンマー（ビルマ）を経由してインドあるいは南海（特にベンガル湾）へ至る最短のコースとして知られ、主に南海の物産と四川産の絹を双方にもたらす内陸交易の重要なルートであった。この道は、近年「西南シルクロード」と呼ばれ、注目されている。現在も特定の地域だけではあるが、かつて隆盛を誇った「馬幇《マバン》」と現地で呼ばれるキャラバン（隊商）が物資を輸送する姿を見かけることがある。

「西南シルクロード」の拠点の一つは、雲南西部の中心地である大理《だいり》地方である。一般的に我々が呼ぶ大理石とは、この街の名にちなんでつけられたといわれるほど、同地方では多く斑紋の結晶質石灰岩を産することでも有名である。大理地方に限らず雲南は、多くの鉱物資源に恵まれた地方が少なくない。なかでも銅、錫、銀、金などは昔から中国国内で有数の産出地であった。

大理は洱海《じかい》という湖を取り囲む風光明媚な地方で、多くの名所、旧跡や遺跡がある古都である。日本でいえば、京都にあたると言ってもいいかもしれない。大理がなぜそのような古都であったのかといえば、唐代に南詔国、宋代に大理国がそれぞれ同地方を都として栄えていたからである。そして、南詔と大理の国王たちは、中国（唐、宋）などから熱心に仏教を取り入れたという。洱海の湖畔に佇む大理三塔《さんとう》を代表とする、美しい仏教建築が各地で建立され、それらの姿から当時の仏教信仰の様子が伺える。大理付近にある鶏足山《けいそくさん》は古来より仏教の聖地の一つとして有名である。

雲南に魅せられた人たち

雲南は、今なお山に閉ざされた秘境のイメージがある。交通が整備され便利になった現在とは違って、昔（少なくても一九一〇年に昆明〜ベトナム・ハイフォン間の鉄道がフランスの植民地政策によって敷設される以前）はすべて徒歩での移動であったため、雲南の山々を踏破するのはとてつもなく難儀なことであったと想像される。ましてや雲南の人ではない外来の人々にとってはなおさらであろう。しかし、歴史上、そんな苦難にもめげずに雲南を訪れ、各地を見聞し、探索した人々が少なからずいた。そのような人々を駆りたてたものは、雲南特有の地理や植物、鉱物などの物産、雲南

ベトナムから昆明へ向かう鉄道の車中から
(国境の街、河口〔かこう〕にて。2001年撮影)

の人々の生活などへの好奇心であったと思われる。このような代表的人物に、マルコ・ポーロと徐霞客《じょかきゃく》（「じょかかく」とも）がいる。

　マルコ・ポーロは、『東方見聞録』を口述した著名な一三世紀の旅行家である。彼は中国語で発音した「日本」を聞いて〝ジパング〟(Japan)と呼び、黄金の国として西欧人に知らせた人物としても有名である。もともとは父と叔父とともにモンゴル帝国を目指した商人であったが、クビライ・ハーン（皇帝）に気に入られ、ハーンの使者として元朝の各地を旅した。一七年間の中国滞在中、四川省の成都を経由して雲南の奥地まで訪れ、さらに緬甸《メンデン》（現在のミャンマー）までの見聞を広げている。マルコは、当時の雲南に関する貴重な情報、たとえば、子安貝《こやすがい》を貨幣に使用していることや、砂金をはじめとした鉱物資源の豊かさなどについて驚きをもって伝えている。言うまでもなく、子安貝が山岳地帯である雲南で取れるわけもなく、西南シルクロードをはじめとする南海との交易ルートによって齎《もたら》されたものである。なお、雲南では古くから子安貝を貴重品として扱ってきたらしく、すでに述べた「滇王」の陵墓とも考えられる石寨山遺跡からも大量に出土している。このようにマルコは商人らしく、雲南の様々な物産に興味を引かれたようである。

一方、明末の著名な地理学者でもあった徐霞客（徐宏祖《こうそ》）は、好きな旅行をして一生を送ったような人物であった。四〇歳の時（一六三六年）、母の死を見とどけた徐霞客は、意を決し、前後四年にわたる中国南部への大旅行に出かけた。最終目的地は雲南で、それも雲南の仏教聖地の一つ、鶏足山を目指すものであった。彼の旅行は苦難の連続で、ほとんどの行程を歩いて通した。にもかかわらず、各地、特に雲南の山河をはじめ洞窟や奇石などの地形や、動物、草木の風物などあらゆる珍しい見聞を子供のような無邪気さと学者としての正確な目で日記に記述していった。その貴重な日記は『徐霞客遊記』のなかの『雲南遊記《うんなんゆうき》』として今日まで伝わっている。

雲南は、世界でも珍しい植物が集中する地方としても知られてきた。特に、欧米人の間では一八世紀後半から関心が高まった。これらの欧米人は、主に宣教師たちであったが、植物採集を目的にした探険家たちも少なからずいた。その代表的人物といえば、ジョージ・フォレストとキングドン・ウォードであろう。一九〇四年にはじめて雲南を訪れたフォレストは、スコットランド生まれのイギリスの冒険家であり、植物学者であった。一九〇四年から三二年の間、雲南、東チベット、ミャンマー（ビルマ）を七度にわたって探検した。その間、発見した植物に名づけたものは数知れず、また本国イギリスに送った植物（苗）がその後のイギリスの園芸に多大な影響を与えたと言われている。雲南を愛してやまなかったフォレストは、五八歳の生涯を雲南の地で終えた。キングドン・ウォードも、雲南北部から東チベットの山岳地帯の植物採集を精力的におこなったイギリスの旅行家・探検家である。彼は一九一一年にはじめて雲南西北部を訪れ、一九二二年までのほぼ一〇年間に、雲南北部から東チベットさらにはミャンマー（ビルマ）北部の広大な山岳地帯を六回にも及ぶ探険を試みている。様々な植物を好んだウォードだが、シャクナゲ、ユリ、リンドウ、そしてケシの類を愛し、なかでもシャクナゲを最も好んだと言われている。ウォードは生涯に二四冊もの単行本を著したが、その第一作目が一九一三年に出版したThe Land of the Blue Poppy（『青いケシの国』）である。第一作のタイトルにもなった青いケシは、ヒマラヤから雲南にかけての代表的高山植物の一つであり、世界で最も美しい花とも言われ、ウォードもその魅力にとりつかれた一人であった。

このほか、雲南に魅せられた欧米人として、今世紀はじめに麗江《れいこう》（雲南西北にある古都。世界遺産にも登録）を訪れ、その地の植物や民族文化（主にナシ族のトンパ文字経典）などに魅了され研究を続けたウィーン生まれのアメリカ人、ジョセフ・F・ロックや、やはり麗江に九年間滞在し、その記録を『忘れられた王国』として著した白系ロシア人、ピーター・グーロートなどがいた。

日本と雲南

日本と雲南の歴史的関わりについて少し触れておきたい。これまで雲南と日本の歴史的関わりは必ずしも多いとは言えないが、古くは元、明代に雲南に渡った日本人僧侶たちの足跡を辿ることができる。元代末から明代初めに、何人もの日本人僧侶が雲南の大理で生活をしていた記録が残っている。その後、清朝末期から民国初め（一九〇〇年前後〜）に数十人にのぼる雲南出身の人々が日本に留学している。その人たちは、主に軍人や政治亡命者たちであったが、その多くは後に雲南に戻って、雲南の近現代史に名を残す活躍をした人々であった。一方、日本の明治期では人類学者の鳥居龍蔵《とりいりゅうぞう》や建築学者伊東忠太《いとうちゅうた》などが中国西南部に出かけ学術調査を行っている。なかでも鳥居龍蔵は、一九〇二年七月から翌年の三月までの九か月間をかけて、湖南、貴州、雲南、四川の民族調査を行い、その成果として『人類学上よりみた西南支那』を著している。なお、この時期雲南に隣接するチベットをめざす日本の学僧たちがいたが、東本願寺の学僧であった能海寛《のうみゆたか》もその一人であった。いくつかのルートでチベット（ラサ）入りを試みた能海は、一九〇一年、雲南経由でチベットをめざしたが、雲南西北部で消息を絶ってしまった。その後、日本人による雲南調査として、上海を拠点に一九〇一年にビジネススクールとして開設された東亜同文書院の学生たちの調査旅行記や、外務省通商局、台湾総督府などの機関による現地調査などが行われている。

　雲南が日本でもっとも有名になった時期は、皮肉にも日中戦争がはじまってからである。特に、国民政府が四川省の重慶に移転した後、重慶とミャンマー（ビルマ）を結ぶ雲南のビルマルートが軍事上最も重要になってきたからである。当時、このルートはイギリス・アメリカが蒋介石《しょうかいせき》を援助する意味で「援蒋《えんしょう》ルート」と称された。雲南・ミャンマー（ビルマ）国境地帯は、太平洋戦争末期に、日中双方の悲惨な戦争も行われた場所でもある。

　雲南とりわけ、その歴史と民族、文化などについて深く興味をもった日本の作家は多くないが、たとえば武田泰淳や、司馬遼太郎などがいる。武田は雲南に限らず広く中国南部辺境の民の文化に強い興味を抱いていたことがいくつかの随筆から読み取れる（『武田泰淳全集』第一一巻）。それは中国北方（王朝・国家権力）に対峙する（反抗する）華南・中国西南地域の非漢民族（少数民族）の社会と文化への共感あるいは郷愁にも似た感情であろうか。なかでも、民間文学や民族学方面の研究に幅広い関心を示している。また、雲南に強い関心を示した司馬遼太郎は、その「街道をゆく」シリーズの『中国・蜀《しょく》と雲南のみち』のなかで、雲南世界の多様さと歴史のおもしろさを楽しんでいる。

　このようなかで幸田露伴がまさに「雲南」と題する論述を発表していることは意外に知られていないだろう（『露伴全集』第一八巻）。この五〇ページにも及ぶ文章は、随筆と言うよりは概説に近く、雲南の歴史について詳細に、また時に愛情をもって著されている。露伴がこの文章を書いたのは昭和一三年一〇月頃で、すでに日中戦争に突入していた。当時、日本において雲南という地域が軍事的・政治的に最も注目された時期ではあるが、露伴はそのことについては一切触れず、むしろ、「僻遠の地とは云へ、経営其宜しきを得れば、政治上は兎もあれ角もあれ、大に光輝を発すべき地である。」(原文そのまま)と書いているのが印象的である。確かに雲南は辺境ではあったが、それは単なる辺境ではなく、むしろ国境に接する位置、独特の地形、いろいろな民族、珍しい物産の数々など、雲南という世界の多様さに注目し、今後発展する可能性が高いことを予見していたと言えるのではないだろうか。

二　雲南の世界とその風景

雲南の位置

雲南は、地理的に中国大陸と東南アジア大陸部の境に位置し、昔から中国とインド、東南アジアなどの文化が交わる地点にあった。このことは、現在も変わっていない。いやむしろ、現在の方が文化的関係にとどまらず、雲南の占める経済的、政治的位置がますます重要視されてきていると言えるだろう。

一般に雲南と言えば、中国西南端の国境地帯に面する雲南省を主に指す。雲南省は、東経九七度三九分から一〇六度一二分、北緯は二一度〇九分から二九度一五分の間にあり、ちょうど北回帰線《きたかいきせん》が省南部を横切っている。省の面積は三九・四万平方キロメートルで、日本より少し広い。ちなみに日本の面積は三七・八万平方キロメートルである。人口は四四八三万人（二〇〇六年統計）を数え、そのうち約三四%を少数民族の人々が占めている。

雲南省を特色のある地域にしていることの一つは、隣接地域の多さ、多様さであろう。北は四川省、西北はチベット自治区、東・東北は貴州《きしゅう》省、広《こう》西《せい》チワン族自治区《じちく》と接している。西・

【雲南の位置】

西南はミャンマー（ビルマ）、南はラオス、そして東南はベトナムと国境を接し、その国境線は四〇〇〇キロメートルにのぼる。仮に雲南省を六角形の大地に例えたら、北面から四川《しせん》の政治、経済的影響を強く受け、西北面は古くからチベットとの文化的経済的関係を有し、東面・東北面は中国南部の諸地域、なかでも貴州を経由して湖南《こなん》省、さらには広西チワン族自治区を経由して広東省などとの経済的、歴史的つながりをもっている。そのほかの三面は東南アジア諸国と接するが、西面・西南面はミャンマー（ビルマ、一部タイ族系を含む）、南面はラオス、タイ

（直接国境に接してはいないが）、東南面はベトナムと、それぞれ複雑な歴史的、文化的関係をつくりあげてきている。

現在、このような関係を土台にして雲南省は、東南アジア・南アジアに面した中国の〝南〟の玄関口として発展しつつあり、主に東南アジアとの経済的ネットワークも形成し、国際交通網の建設も徐々に進んでいる。雲南を魅力的でユニークな世界にしているのは、まさに雲南の占める〝ポジション〟、すなわちその位置にあると言うことができるだろう。

聳え立つ横断山脈

アジアの地図を開いて見ると、インドと中国の境に、「世界の屋根」と呼ばれるヒマラヤ山脈が東西に大きく横たわっているのがわかる。かつてインド（亜大陸）プレートとユーラシア（大陸）プレートは陸続きではなく海で隔てられていたが、およそ五千万年前に二つの大陸が移動し、激しく衝突した時に、間に挟まった海底の堆積物が高くもちあげられ大きく曲げられた結果、現在のヒマラヤ山脈がつくられたとされている。高峰が聳え立つヒマラヤ山脈の中にあって、世界最高峰のチョモランマ（別名エベレスト・およそ八八四四〜四八メートル）山頂付近でもかつての海の動物の化石が今なお見つかるという。

二つの大陸が衝突してヒマラヤ山脈や青蔵《せいぞう》高原（青海・チベット高原）などがつくられた際に、

最も地形が変化し、地表が歪んだのは、ヒマラヤ山脈の東部、青蔵高原の東南端から現在の四川省《しせん》西部、雲南省西部にかけての地域であり、南北に連なるいくつもの山々がつくりだされた。現在、これら山々は総称して「横断山脈」と呼ばれている。南北に連なるこれら山脈は、これまで人々の東西の往来や物資の輸送などを遮断してきたが故にその名がつけられたともいわれている。ちなみに、中国では多くの山脈が東西に延びているが、横断山脈のように南北に連なるのは珍しいという。これも大陸合体の際の〝地の恵み〟(いたずら?)であろうか。

横断山脈は、雲南西北部を中心に、南北に大山脈を連ね、それぞれの山脈間を流れるいくつかの大河によって、高い山々と深い渓谷の風景をつくりだしている。大山脈とは、インド・ミャンマー(ビルマ)側から順に言えば、崗日嘎布《カンリガプ》山脈、高黎貢《ガオリーゴン》山脈、怒《ヌー》山脈、雲嶺《うんれい》山脈、そして東は大雪山《だいせつ》脈、大涼山《だいりょうざん》まで連なり、雲貴《うんき》高原につながっている。これら山脈のなかには著名な高山も少なくない。たとえば、高黎貢山脈では高黎貢山、怒山脈では碧羅雪山《へきらせつざん》などが聳える。雲嶺山脈では雲南西部において玉龍雪山《ぎょくりゅうせつざん》、老君山、点蒼山《てんそうざん》、鶏足山《けいそくさん》などの有名な高山が聳え、中南部においてはその支脈である哀牢《あいろう》山脈、無量《むりょう》山脈などが南北に連なっている。

横断山脈では、平均して標高四五〇〇メートルから五〇〇〇メートル級の山々が少なくないが、標高六〇〇〇メートル以上に達する山もあり、なかでも梅里雪山《メイリーシュエシャン》(卡格博《カグボ》峰)は六七四〇メートルにも及ぶ。梅里雪山は雲南省とチベット自治区に跨って聳え、十三の峰が連なっているので「十三太子峰」とも呼ばれている。雲南省内で最高峰の卡格博峰は、今なお未踏の処女峰である。これまで何度となく登頂が試みられたが、ことごとく成功にはいたらず、なかでも一九九一年一月の京都大学と中国の合同隊が登攀《とうはん》に失敗して帰らぬ人々となった悲劇は今なお忘れることのできない出来事である。十三峰が連なる梅里雪山は、チベット族が八大霊峰の主峰として崇拝し続けてきた山でもある。その雄大な姿と神秘的な伝承を纏う風格に魅了されて、今なお礼拝する人々の姿が絶えることがないという。卡格博峰の隣には、卡格博の愛妻と言われる美しいミエンツム峰が仲良く聳え立っている。

山間を流下する大河

かつてインド亜大陸とユーラシア大陸が衝突した際につくりだしたものは、山脈や高原だけではなかった。アジアの海に流下する大河もつくりだしている。インド亜大陸の右肩部分が現在の雲南地方に突っ込んだため、南北に連なる横断山脈を誕生させると同時に、雲南西北部の幅三〇キロメートルほどの狭い地域に、複数の山脈とその間を流下する大河を集中させる結果となった。これら大河は東アジアから東南アジアにおける三つの大河である長江《ちょうこう》、メコン川、サルウィン川、それぞれの上流河川である金沙江《きんさこう》、瀾滄江《らんそうこう》、怒江《ヌージャン》であり、雲南を扇子の要《かなめ》のようにして、中国の南部ならびに東南アジアの海に向かって放射状に流れている。雲南は内陸の奥地の山岳地帯ではあるが、意外にも雲南の山はこれらの大河を通じて海に繋がっていることがわかる。

金沙江は、唐古拉《タングラ》山脈に源を発する長江の源流の一つ、通天河《つうてんが》が青海《せいかい》省の高原地帯を経て、四川省とチベット自治区の境に入った地点からその名で呼ばれる。かつて砂金が採れたことから名づけられたという金沙江は、四川省とチベット自治区の省（区）境となり、雲南省に入って湾曲を繰り返しながら四川省の宜賓《ぎひん》で岷江《みんこう》と合流する地点までを指し、その後は長江になって東シナ海に注ぐ。金沙江の流下する落差は三〇〇〇メートル以上にも及び、なかでも虎跳峡《こちょうきょう》の眺めは絶景である。

山間を流下する大河、瀾滄江

瀾滄江は、タイ語で「百万頭の大象の川」の意で、雲南西北から西南を縦断し、大陸東南アジアの大河の一つであるメコン川となって流下し、南海すなわちベトナム南部の河口に注ぐ。現在、メコン川開発プロジェクトを中核として雲南省と東南アジア諸国の経済的結びつきはますます強くなってきている。

怒江という名称は、雲南西北の山岳に住む怒《ヌー》族と深く関わり、ヌー語で「黒い川」を意味し、雲南西北からミャンマー（ビルマ）のサルウィン川となってベンガル湾に流れ出る。

この他にも、元江《げんこう》は雲南中央からベトナムのホン（ソンコイ）川となってハノイを通りトンキン湾に出る。雲南の東南部を水源にする南盤江《なんばんこう》が下流の広西《こうせい》・広東《カントン》の西江《せいこう》となり、珠江《しゅこう》デルタ地帯（広州・香港など）に通じる。また、チベットと境を接する雲南西北端に流れる独龍江《トールン》も、山岳少数民族である独龍《トールン》族と関わりが深く、下流はミャンマーのイラワディ川となってベンガル湾に注ぐ。

このような雲南に流れる大河は、地形的にヒトあるいはモノの移動を促し、さらには諸民族の移動ならびに居住環境などにも少なからず影響をあたえ続けてきたと考えられる。河川の周辺に居住する人々はタイ系諸民族が中心ではあるが、山地あるいは高原などに住む山地系民族も深く河川と結びついている。このことは、それぞれの生態（地理）空間、たとえば山なら山、高原なら高原、川沿いなら川沿い、といった独自な世界を形成するなかで、互いに関連しあって生活していることを意味している。それぞれの大河は、たとえば中央アジアの草原からはじまって青蔵・雲貴高原、山脈・山地などを貫流しながら海に至るまで、それぞれに適した生態空間に居住する民族の生活に深く影響をあたえており、各河川流域に居住する諸民族の分布はまさに〝扇形〟の拡がりをみせている。

雲貴高原とカルスト地形

横断山脈の東端、主に雲南東部から貴州省にかけて雲貴高原が広がる。烏蒙《うもう》、三台、拱王《きょうおう》などの諸山脈もみられるが、標高は平均して二〇〇〇メートル前後から一〇〇〇メートルの間である。雲貴高原は、雲南東部を中心とした雲南高原と貴州西部を中心とした貴州高原をあわせた呼称である。

雲南高原は、雨などに浸蝕された石灰岩や白雲岩《はくうんがん》などの台地、地下に鍾乳洞など、いわゆるカルスト地形が広くみられる。カルストという呼称はアドリア海（イタリアの東）の北東沿岸にあるカルスト高原に由来する。この高原がヨーロッパにおける代表的石灰岩地域であることから、一般的にカルスト地形と名づけられた。では中国ではどうであろうか。中国では、南部とりわけ東南部から雲南高原を中心とした西南部まで広く石灰岩地域が広がる。なかでも広西チワン族自治区は多くの石灰岩地域を抱え、水墨画にも似た景観をみせる桂林《けいりん》をはじめとする風光明媚な景勝地が少なくない。同じような石灰岩地域である雲南の路南《ろなん》地方の石林《せきりん》では、長い歴史において幾多の風雨などによって様々な姿の石像がつくりだされている。

馬や象に似た石像や天に向かってのびる樹木のような石像の数々、なかでも路南地域に主に居住するイ族（サニ系）の伝承である「アシマ」と呼ばれる娘の石像は有名である。アシマは中国語では「阿诗玛」と表記されるのが一般的であるが、その伝承は必ずしも一様ではない。口頭だけではなく、イ族の文字で伝えられたものなどもある。伝承の内容をおおまかに話せば次のようなものである。サニ族（イ族の一民族集団）の聡明な娘アシマは働き者で気立てが良いと評判で、アヘイ

（阿黒）という誠実で勇敢な兄とも仲良く暮らし、周囲が羨むほどであった。そんなアシマの評判を聞きつけた豪族（地元の権力者）が自分の息子の嫁にしようと強引にアシマの両親に迫るが、どのようなことをしてもアシマの両親は首をたてにふろうとはしなかった。豪族父子はアシマをさらって城（屋敷）に連れて来て、結婚を強要するが、アシマは毅然とした態度で拒否し続ける。放牧から帰ったアヘイはアシマを助けようと城に行き、勇敢に戦ってアシマを取り戻すが、諦め切れない豪族は岩神にアシマを取り返してほしいと頼む。兄妹が帰路の途中にある小川を渡ろうとすると洪水が起こりアシマは帰らぬ人となってしまう。「アシマー」というアヘイの叫び声が石林じゅうに木霊《こだま》する。アシマは木霊になっていつも答えてくれるが、石像の姿はいつも物悲しい。この話のなかで、最後に洪水が起こり石像の出現する場面は、この一帯が今からおよそ二万数千万年前は海底で、その後の長い地殻変動で水面から顔を出して陸地となった歴史を暗示しているようで、とても興味深い。

元江ならびに哀牢山と亜熱帯地方

雲南の地形は、一般に元江を境に西と東で異なる。元江は大理の南に源を発する礼社江《れいしゃこう》にはじまり、途中から紅河《こうが》とも呼ばれ、ほぼ雲南の中央、西北から東南にかけて流れ、国境の街河口《かこう》を境に、ベトナムにホン（ソンコイ）川として流下する。地質的には、元江より以西は横断山脈の連なりとして徐々に標高を下げ、だいたい六〇〇メートルを下ると亜熱帯地方となる。一方、元江より以東は、雲南高原が貴州省ならびに広西チワン族自治区に向かって広がっている。

元江が地質的、地形的に雲南を東西に分けているとするならば、元江沿いにのびる哀牢《あいろう》山脈は雲南の東西、なかでも東北—東南の気候などに影響をあたえていると言ってもよいだろう。哀牢山脈は、無量《むりょう》山脈と同じ雲嶺《うんれい》山脈の支脈にあり、雲南を東西（あるいは南北）に分ける屛風のような存在である。冬は東北からの寒気が哀牢山脈を越えず、山の西側にはその影響はみられない。夏は山の西側にも暖かい空気が入ってくるため、西部は高温で降水量も多い。他方、哀牢山脈の東側は乾燥している風が吹き、降水量もさほど多くない。

標高三一一六メートルの哀牢山《あいろうざん》では、寒帯、温帯、亜熱帯といったそれぞれの気候による環境と地理景観が垂直的にみられ、標高によっていろいろな民族が住み分けを行っている。たとえば、炎熱の山麓や川沿いには水稲耕作民であるタイ族が主に生活を営み、山の中腹にはイ族やハニ族などの山地系民族が住み、高山地区にはミャオ族などの高地栽培民族などが暮らしている。このような状況は哀牢山脈の西側の雲南西南各地でもみられ、だいたい標高六〇〇メートル以下の、瀾滄江や怒江など大河流域に形成された山間盆地、川沿いには亜熱帯地方が広がっている。その代表的地域が西双版納《シーサンパンナ》地区であり、徳宏《とくこう》地区などである。

標高差による様々な風景

これまでも述べてきたように、雲南の地勢は西北から東南に向かって階段状に緩やかに下っている。チベットからベトナムに向かって低くなっていくと言ったほうがイメージしやすいであろうか。主に西北部を中心に標高四〇〇〇メートルから二七〇〇メートルの間を一段とし、標高二六〇〇メートルから一六〇〇メートルの山岳・高原地帯を二段となし、標高一五〇〇メートル以下の地区を三段として緩やかに低くなっていく。

雲南における標高差は、最高峰梅里雪山の卡格博峰六七四〇メートルから、最も低地の河口（ベトナム国境・標高約七七メートル）までなんと六六〇〇メートル以上にもなる。このような著しく大きな標高差の垂直的地形は、雲南の地形と環境における最大の特長と言えるであろう。このことは気候や植生などにも大きな影響をあたえている。

それぞれのつくりだす生態的環境は、雲南の各地に様々な風景をもたらしている。たとえば、最高峰梅里雪山の卡格博峰を代表とする六〇〇〇メートル級の横断山脈では一年中雪を頂く山並みの風景がみられ、また横断山脈の間をすり抜けて流れ下る大河がつくり出した深い渓谷の風景は壮大そのものである。他方、亜熱帯地方では南国情緒豊かな風景が広がる。蒸し暑い低地に高床式の家屋が建ちならび、その周りに熱帯雨林やバナナの木などが生い茂る。

標高二〇〇〇メートル前後の高原地帯では、各地に比較的大きな山間盆地が点在する。そこには、日本で言えば琵琶湖のような、規模が大きく風光明媚な湖がいくつか広がる。青々とした湖面に浮ぶ舟から見上げた高原の山々はとても美しい。その姿はまるで我が子（盆地）を抱きかかえている母の腕のようにもみえる。路南の石林などに代表される雄大な石灰岩の奇岩の数々は、地球の歴史を我々に垣間見せてくれているようでもある。

雲南は赤土《あかつち》が省面積の半分を占めていると言われるほど、赤土で染まっている。温暖湿潤気候の影響で土壌に含まれている鉄分が酸化してそのような風景をつくりあげるのだそうだ。雲南が紅土《こうど》（黄土《おうど》ではなく）高原とも呼ばれる所以である。また、温泉がある火山地帯でもあり、日本の風情とはちがった湯煙の風景が雲南の各地でみられる。地質がいくつかの断裂構造となっているため、大規模な地震が少なくない点もどこか日本と共通していると言えよう。

山々に囲まれた湖

独特な気候

雲南に行くと日本（この場合日本に限らず中国の他の地域とも）とは異なった面白い経験をすることが少なくないが、まず感じるのは気候のことであろう。特に高原の山間盆地にある昆明や大理などの都市に長期滞在すると肌で感じる。夏は比較的暑くなく、冬はあまり寒くない。一雨降れば寒く、夏でも涼しい。まさに一年中「春のような」陽気であり、昆明が〝春城《しゅんじょう》〟(春の都)と呼ばれる所以《ゆえん》である。では、なぜこのようなことが起きるのか。それは緯度が低いわりに、標高が高いからである。昆明の標高は二〇〇〇メートル近い。すでに述べたが、雲南の北緯は二一度〇九分から二九度一五分の間にあり、ちょうど沖縄最南端の島々から台湾の南端にかけた地域とほぼ同じ緯度にある。しかし、標高七七メートルから六六〇〇メートルまでの標高差があるため、複数の気候帯を垂直的に有している。昆明は緯度からいえば、亜熱帯地域に属してもおかしくないのであるが、高原地帯にあるので独特の気候を有していると言えよう。

雲南の西北には世界最大の高原地帯である青蔵《せいぞう》高原が連なり、東西に横たわるヒマラヤ山脈がインド側から吹き上げる季節風(モンスーン)の障壁となっている。これらの影響で、冬は乾燥型大陸季節風、夏にはモンスーンが吹き、複雑な地形の雲南では各地で異なる気候を示す。主な気候帯は、亜熱帯、温帯、寒帯などに及ぶ。このことを中国国内で例えれば、海南島から黒龍江《こくりゅうこう》北部の数千キロに及ぶ景色が雲南の〝垂直〟的地形のなかで見られることを意味する。これは雲南がまさに垂直的＝立体的気候地帯であることを表していると言えるだろう。ちなみに日本の場合と比較してみても、日本は面積があまり広くないわりに北海道から沖縄までの水平的距離が長く、周囲の海流などの影響で複数の気候帯をもつという特長に対し、雲南は標高差が大きい分、垂直的特長をもっている。

全体的に共通して言えることは、年間の温度差が小さく、一日の温度差が比較的大きい。乾期と雨期（五月〜一〇月）があって、乾燥と湿潤の差ははっきりしており、降水量は豊かであるが、雨量は地域によって異なる。全般に高原気候の影響を受けてか、最も暑い七月の平均気温が一九度から二二度前後であり、一部亜熱帯地方を除いては三〇度を超える酷暑は五日と続かないという。逆に、冬は日照も充分で、晴れた日が多く、気温はそれほど低くない。最も寒い一月の平均気温は五度から七度以上である。年間の温度差が比較的小さく、一般に一〇度から一二度の間である。大部分の地域では、四季の移り変わりがはっきりせず、夏と冬の区別がみられない。一部の地方では、短くて二・三か月、長くて九・一〇か月も春秋季が続くという。あえて四季を気温から判断するならば、現地では一般に一〇度以下になれば冬、二二度を超えたら夏、一〇度から二二度の間は春か秋とみなすという。ただし、雲南は「立体」気候であるため、たとえば二月の下旬、雲南西北部ではまさに真冬の真っ只中にあるが、そのほかの地域はすでに温暖の春を迎えているという具合である。

豊富な植物

雲南における植生《しょくせい》の特徴は、六〇〇〇メートルにも及ぶ標高差によってもたらされた独特の地形とその立体的気候によって、豊富な植物が生育する環境に優れているということであろう。地形の起伏が大きいこともあって、湿潤地帯から乾燥地帯までの多種多様な植物が生育している。植物の移動に関しては、多くの植物が氷河期により低地に避難し、氷河期が終わると徐々にもとの高地に戻ったのではないかといわれているが、もともと標高差が大きい雲南では中国の他の地域と違って、ある程度の気候の変化にもそれぞれの植物が対応できたため、今なお多種多様な植物がみられる。

雲南は中国のなかでも植物の種類が最も多く、亜熱帯、温帯、寒温帯の植物まで生息している。中国には三万種の植物が存在しているが、そのうち雲南では一万七千種以上あってその六割強を占めている。『中国珍奇絶滅植物名録』に記載されている三五四種のうち、雲南には一四五種が存在しており、その占有率は四一％にも達する。世界的にみてもまさに植物の宝庫と言われる所以であろう。熱帯雨林が生育できるのは中国大陸のなかでも唯一雲南しかないとも言われている。同じ緯度にある広東省や広西チワン族自治区では自然条件や環境などが異なるという。そのほか、常緑広葉樹林すなわち照葉樹林、落葉広葉樹林、高原植物など雲南特有の植物も数多くみられる。

雲南には、多種多様な薬材すなわち漢方薬の材料になる草木も豊富にある。薬用植物は二〇〇〇種あまり、主なものは田七《でんしち》（三七）、冬虫夏草《とうちゅうかそう》、天麻《てんま》、雲帰（雲南の当帰《とうき》）、砂仁《しゃにん》、羅芙木《らふぼく》、龍血《りゅうけつ》樹《じゅ》、金鶏納（キナ皮）、雲茯苓《うんふくりょう》、胡黄連《こおうれん》、蔵紅花《ぞうこうか》（サフラン）、貝母《ばいも》、柯子《かし》、児茶（阿仙薬《あせんやく》）、美登木、草鳥などである。なかでも田七は雲南特有の秘薬とさえ言われている。ウコギ科人参属の多年生草本で、人参の一種で、播種してから三年ないし七年で収穫するので「三七」とも呼ばれている。早くから止血薬として知られていたが、最近では根を乾燥させ粉末などにして服用すれば、身体を総合的に改善し、難病も予防する効能があるとも言われている。

　このような薬用植物以外にも、有名な香料植物には楓茅（オガルカヤの一種）、香茅《こうぼう》（レモングラス）、依蘭香（香果蘭）、木姜子などおよそ四〇〇種類がある。観賞植物は二〇〇〇種以上あり、そのうち五〇〇種は花で、なかでも八大名花と呼ばれる花は、ツバキ（中国語では山茶花、以下同じ）、ツツジ（杜鵑花）、サクラソウ（報春花）、モクレン（木蘭）、ユリ（百合）、ラン（蘭花）、リンドウ（龍胆）、メコノプシス（緑絨蒿）である。ツツジだけでも三〇〇種類以上もあり、ツバキも一〇〇種を超える。観賞花の栽培はすでに雲南の一大産業となっている。

照葉樹林をめぐって

　わが国においてこれまで照葉樹林をめぐる文化論が盛んに論じられてきている。照葉樹林《しょうようじゅりん》とは、ヒマラヤから中国西南部、江南地方を経て日本（主に西南）にいたる主に温帯地域に生育するカシ、シイ、クス、ツバキなどの常緑の広葉樹を指す。その葉の表面に光沢があるため照葉樹林と呼ばれる。これら照葉樹林に注目した中尾佐助氏は、世界の農耕文化との比較の上で、これら緑多い森林地帯を独特な文化のつながりとして「照葉樹林文化」と呼んだ（『栽培植物と農耕の起源』岩波新書、一九六六年）。その後、佐々木高明氏、上山春平氏らも加わって議論が重ねられた「照葉樹林文化論」は、稲作起源の問題や日本文化ルーツ論などとの関連からもしばしば話題にとりあげられてきた。

照葉樹林帯に広く分布する共通の文化要素とは、たとえばクズやワラビを水晒しする技術、蚕の繭から糸をひいて絹をつくる技術、茶の葉を加工して飲むこと、ウルシなどをとって漆器をつくる技法、麹というカビの塊を使って雑穀を発酵させた酒の存在、シソやエゴマの栽培、柑橘の利用などである。これらの点はきわめて山岳的性格をもち、その経済的状況は採集段階から焼畑・雑穀栽培への移行期にみられる特徴を有しているという。

この「照葉樹林文化」への着目は、それまでアジアの周縁的辺境地域にすぎなかったヒマラヤから雲南にかけての一帯を一つの〝文化生産地〟として我々に再認識させたばかりか、日本との「基層文化」のつながりを思い巡らせるに充分すぎるほどの知的刺激をあたえた。その後、さらに納豆のような大豆の発酵食品やコンニャクの存在、鵜飼《うかい》、歌垣《うたがき》、十五夜《じゅうごや》、イモ祭りの習俗、焼畑・狩猟儀礼、山の神信仰、女神の死体から穀物が生ずるという「オオゲツヒメ型の死体化生」神話などの文化要素が比較研究の対象として付け加えられていった。

しかしながら、照葉樹林帯は人が生活しやすい場所であったため、人間の活動範囲が拡大するとともにその多くは破壊されてきている。我が国でも本来の照葉樹林はほとんどその姿を消そうとしているとも言われる。程度の差はあれ、その状況は雲南といえども同じである。現在、開発の進む雲南では、照葉樹林を見つけ出す方が難しくなってきている。場所によっては、赤茶けた土の禿山に変わり果て、緑のある所はむしろ二次林としての雲南松林を多く見かけるようになってしまっている。現在では雲南西南部の亜熱帯地方の丘陵地帯や特別な自然保護区などで本来の照葉樹林を一部見かける程度まで減少してきている。ましてや中国の江南地方においてその残存を見つけ出すことは困難であろう。

照葉樹林が消滅しつつあるからといって、日本の「基層文化」と雲南の「基層文化」を比較研究できないわけでもない。ただし、点と点をとらえて安易に文化要素のみをとりだして比較する研究はあまり意味がないだろう。やはり地域ごとの歴史を踏まえたしっかりした研究の積み重ねが必要であると思う。なかでも江南地方のデータが今後積み重ねられていけば、あらたな「照葉樹林文化」の姿が浮かびあがってくることであろう。近年、我が国でも東日本から北海道を中心とした「ブナ林文化」あるいは東アジアにおける「ナラ林文化」との比較研究が行われてきている。今後、雲南においても「照葉樹林文化」がどのように展開したのかの実証的な研究がさらに必要となってくるだろう。

山間盆地と都市

雲南では平地は極めて少なく、ほとんどが山岳高原地帯であるが、山また山のなかに〝フライパンの底〟のような盆地空間が各地に点在している。現在、雲南省全域のうち、およそ八四パーセントが山地（山岳）、およそ一〇パーセントが高原（丘陵を含む）、残りの六パーセントほどが山間の盆地や川沿いの平地である。このような山間や川沿いに広がった平地を、現地の人々は一般的に「壩子《バーツ》」と呼び習わしている。壩子には、標高の高い壩子もあれば、標高の低い壩子もある。

雲南省全体で面積一平方キロメートル以上の壩子は一四四二もある。そのうち面積が五〇平方キロメートル以上の壩子は八九、さらに面積が一〇〇平方キロメートル以上の壩子は四九ある。省内にあるすべての壩子（一四四二）の総面積は二・四万平方キロメートルであり、そのうち一〇〇平方キロメートル以上の壩子（四九）の総面積だけでその半分を占めている。このような大規模な壩子では、早くから農耕がはじまり、都市が形成された。

これら規模の大きい壩子とその都市には、東部では昆明《こんめい》をはじめ、陸良《りくら》、昭通《しょうつう》、曲靖《きょくせい》、楚雄《そゆう》、蒙自《もうじ》などがあり、また西部では大理《だいり》、保山《ほざん》、騰衝《とうしょう》、麗江《れいこう》などがある。これらの高原壩子は、主に雲南中央ベルト地帯を中心に分布する。どちらかといえば東部の方が多く、その数は全体の三分の

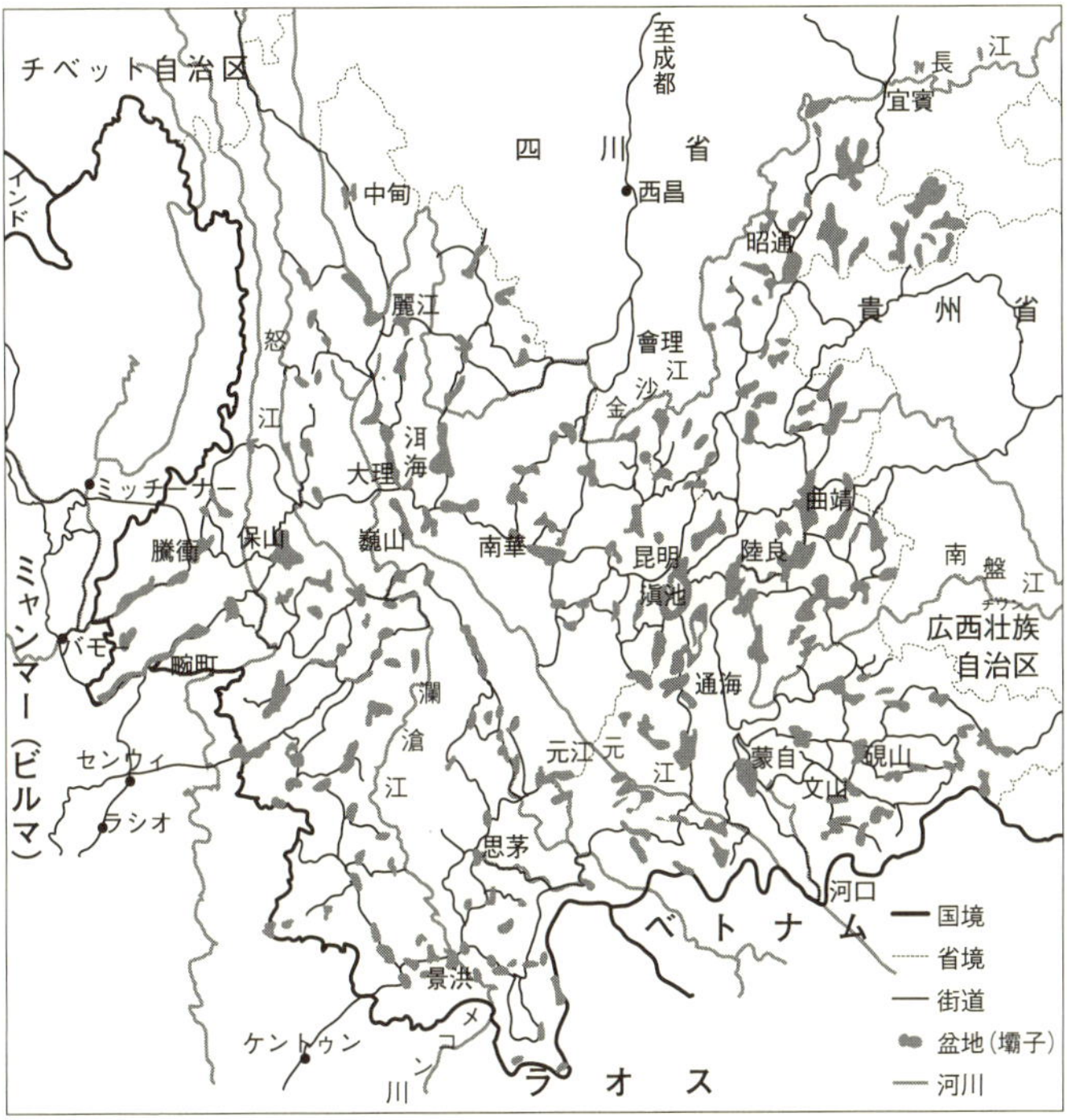

【雲南における主な壩子の分布と街道】

二を占める。その代表的壩子と都市が昆明と大理である。昆明（標高一八八七メートル）と大理（標高一九六五メートル）はそれぞれ標高の異なる壩子上に形成された都市であり、昆明壩子には滇池《てんち》、大理壩子には洱海《じかい》といった風光明媚な大きい湖が広がる。昆明はイ族、ペー族、回族、そして漢族などを中心に水利灌漑の整備が進められた滇池を中心に発展し、大理は点蒼山《てんそうざん》から洱海に流れる十八渓（一八本の川）を水利整備して発展してきた。

山々に囲まれた盆地、壩子〔バーツ〕
（麗江にて撮影）

一方、川沿いに形成された壩子と都市の例としては、景洪《チェンフン》、河口《かこう》、元江《げんこう》、瑞麗《ルイリー》などがある。これらの壩子と都市には川が貫流しているのが特長である。その代表が西双版納地区の景洪である。景洪（標高五三五メートル）は瀾滄江沿いの壩子に形成され、主にタイ族が住む。そこは湿度が高く、かつて「瘴癘《しょうれい》」の地として人々、主に漢族や山地系少数民族に恐れられた亜熱帯地方である。湿度や温度が高いため、新中国成立以前はマラリヤやペストなどの風土病が少なからずみられたが、現在はほとんどみられなくなった。同じ雲南のなかでも、高原の気候とはかなり様相が異なる。この地方のタイ族は、瀾滄江や怒江などの大河あるいはその支流を利用した水利灌漑で豊かな農耕社会を築いてきた。なお、雲南西南部に多く見られる「勐《モン》〜」とか「景《ジン》〜」とかいう地名は、壩子を意味するタイ語に由来するという。このことはこの地方でタイ族が古くから生活していたことを物語っている。

このようないろいろな壩子の類型は、これまで単なる山岳高原地帯というイメージで一様に見られてきた雲南の多様性と地域性を我々に気づかせてくれる。ただし、壩子には主に漢族のほとんどと少数民族のうちの二〇パーセントが居住する。少数民族のそれ以外の八〇パーセントは壩子を取り巻く丘陵、山地、高原などに広く分布居住している点も見落とせない点であろう。

連環しあう壩子と山地

壩子は、その限られた盆地空間だけで経済が発展してきたわけではない。むしろ壩子はその後背地である周囲の山地と経済的に連環しあうことによって成立してきた。それぞれの生業形態は、標高や地域の違いによって大きく三層に分けられる。それぞれの層にはその代表的な経済作物あるいは経済資源がみられる。

第一は、標高一三〇〇メートル以下の層である。この層は、南部、西南部に広がる亜熱帯の農耕地域である。省の総面積の約二八パーセントを占め、一般に熱帯作物を栽培する。標高の低い山間盆地や川沿いの平地では、水稲耕作を中心にコメの二毛作や三毛作、またサトウキビなどの経済作物などを栽培している。このような壩子を取り囲む一三〇〇メートル以下の山地では、主に茶（茶葉）、経済林、畑作による穀物類などの生産を行い、ゴムやコーヒー（雲南コーヒー）などの経済作物を栽培する。地域によってはハニ族などの山地系民族による大規模な棚田《たなだ》（棚段状の水田）がみられる。その美観に目を奪われるほどの大規模な棚田もみられ、なかには数百段に及ぶ棚田もあるという。これはまさに耕作地が限られた雲南の山地ならではの人間の知恵と汗の結晶によってもたらされた風景であろう。また別の山地系少数民族地区では、今なお焼畑耕作を行っている地方も一部みられる。

この層では茶の生産が重要な意味をもっている。茶（茶葉）は、主に山地（それほど標高が高くない山、標高七〇〇〜一〇〇〇メートル）で栽培、育成、収穫された後、平地である壩子の街《まち》に集積され、生産される。たとえば、茶の生産でも有名な西双版納地区では、ハニ族やジノー族など山地系少数民族の手によって収穫された茶葉を普洱《プーアル》の街に集め、生産することが多かった。これらの茶は栽培地ではなく、むしろ集積地（生産地）の街の名から「普洱茶」と呼ばれている。普洱茶はなぜか現地の人はあまり飲まず（外地への商品という理由も一方であると思うが）、むしろ香港や広東の人々に好まれている（現地ではポーレイ茶などと呼ばれる）。日本でも一時痩せるお茶として有名になった。これら地方の茶は、かつて（現在も一部）大理を経由してチベット地区にも運ばれ、まさにチベットをはじめとした北方との茶馬《ちゃば》交易を担う重要な経済作物であった。

第二は、標高一三〇〇メートルを下限とし、二三〇〇メートルを上限とする層である。この層は中部、東部を中心とした暖温帯の農耕地帯で、省の総面積の五四パーセントを占める。この層の壩子は主に高原壩子であるが、主に水稲耕作（場所によっては二毛作）や畑作を行い、穀物、タバコ、油菜《あぶらな》などの経済作物を栽培している。これら壩子を取り囲む山地は、トウモロコシやイモ類（主にジャガイモ）を生産し、麻、油料《ゆりょう》、薬材などの経済作物を栽培し、一部牧畜業も行っている。この層は、主に壩子で収穫したコメを中心に山地経済と連環するが、山地からもたらされる漢方薬の薬材なども重要な資源となっている。雲南の山地は珍しいキノコの産地でもあるが、最近では、日本で需要の高い松茸が乱獲されたことが話題にのぼった。こんなところでも日本と雲南はつながっている。

第三は、標高二三〇〇メートル以上の層である。この層は西部、特に西北部の高寒地域に集中し、省の総面積の約一八パーセントを占める。標高の高い壩子を中心に、ムギ、ソバ、ジャガイモなどを生産し、一部林業と牧畜業を営む。この層で重要な経済活動は、山地の森林や牧畜地帯から重要な薬材の一つとしてみなされる麝香《じゃこう》をいかに壩子の人々が手に入れるかである。麝香とは、字のごとく麝あるいは麞《くじか》（キバノロの古名）より採取された香料である。鹿に似た動物で、そのオスの下腹部にある生殖腺《せいしょくせん》よりでる分泌物が昔から珍重されてきた。

連環しあう壩子と山地にあって更に重要なものに鉱山資源がある。山また山の雲南は、昔から鉱物資源の豊かさで知られてきた。現在も雲南省の鉱物資源の埋蔵総量は中国国内第六位にランクされ、世界で発見されている一五〇種類以上の鉱産物のうち一二〇種類以上を有する。非鉄金属の埋蔵量は中国国内でトップクラスを占め、なかでも錫《すず》、銅、鉛、亜鉛、ゲルマニウム、リン鉱石などが豊富に採れる。これまで雲南各地で鉱山業の拠点ともなる壩子が少なからずあった。なかでも有名なのが、錫の個旧《こきゅう》、銅の東川《とうせん》・会澤《かいたく》、鉛の会澤などである。これらは昔から鉱山開発のための拠点となった壩子上に建設された都市《まち》である。

三　雲南の歴史

点と線

かつて秘境ともいわれ、ほとんどが山岳と高原といったイメージが強い雲南ではあるが、その歴史を繙《ひもと》いてみると、その多くが「壩子《バーツ》」を主な舞台として展開されてきたことに気づくだろう。これまで歴史上に名を留めてきた様々な民族の活躍、諸王国の興亡の歴史、さらに中国各王朝の雲南統治などは、主に壩子上でくりひろげられてきたと言ってもよい。

一九六五年に雲南の中央北部にある元謀《げんぼう》県で発見された二本の歯化石は、中国（アジアでも）最古（一七〇万年前と推定、一説には七〇万年前）の人類と考えられている「元謀人《げんぼうじん》」のものであったことが現在よく知られているが、このような最古の人類の足跡を記す雲南の歴史も、もともとは元謀地方の壩子周辺から始まったのである。

雲南各地には一四〇〇を超える壩子（面積一平方キロメートル以上）が点在するが、なかでも昆明《こんめい》（滇池《てんち》）や大理《だいり》（洱海《じかい》）などの大規模な壩子をだれがいかに支配下に治めるかが雲南の歴史上最も重要なことであった。大きな湖を囲む広大な盆地は、古来人々にとっても恵まれた生活環境であった。もともと壩子とそれを取り囲む山々は一つの経済地理的構造をつくり出し、相対的に独立した自給自足の〝小世界〟を成してきたのである。雲南の歴史を解く鍵の一つは　このような壩子の政治的、経済的メカニズムをいかに歴史的に分析し、解明するかにあるだろう。

一つ一つの壩子は、それ自体完結した〝ゆったりした生活空間〟であったが、雲南を取り巻く世界の歴史は、このような〝小世界〟をそのまま辺境の縁《ふち》に留め置くことはしなかった。というのは、雲南の歴史にみられる特長の一つでもあるが、雲南はかつて辺境にありながら、中国世界とインド・東南アジア世界との中継的役割を担う場所に位置していたからである。各地の壩子を〝点〟（すなわち拠点）にたとえれば、比較的大きな点と点が歴史的に結ばれることによって、交易ルートが徐々に形成されてきた。それは高原―山地―盆地（壩子）―河川―海洋につながる〝線〟としての交易ルートとして世界の歴史に繋がっていった。これらのルートはのちに主要な街道になり、四方に延びる交通路となっていった。まさに〝点と線〟の歴史が雲南の歴史でもある。

雲南は、このような交易ルートの発達に伴い、いろいろな民族が興亡を繰り広げながら、壩子を基盤とした地域社会を徐々に形成し発展してきた。これら交易ルートをどのように手中に治めるかが歴史上さらに重要であったことは言うまでもなかろう。交易ルートを掌握する者が雲南を支配する勢力の一つになりえたのである。それは、たとえて言うならば、時代と地域が縦糸と横糸になって織り成しあい、「雲南」という一枚の大きな織物を編み上げてきた営みとみなすこともできるだろう。「雲南」という織物が時代的にどのように織られていったのかを以下にみていくことにしたい。

遺跡からみた滇国

一九五五年、滇池の畔《ほとり》にある石寨山《せきさいざん》と呼ばれる小さな丘から人々を驚かす遺跡が発掘された。そこからは大量の青銅器類の副葬品などが出土した。これら副葬品は多種多様な品目に及び、その豊富な装飾意匠と独創的な技法に目を奪われる位すばらしいものであった。その後、発掘は六〇年までに第四次まで進められ、その間、五〇基あまりの墓、延べ四千点を超える青銅器をはじめ、金器、玉器、鉄器など多くの遺物が発見された。なかでも人々の注目を集めたのが第二次発掘（五六年）で発見された「滇王之印《てんおうのいん》」という刻銘《こくめい》のある金印《きんいん》である。この金印は漢王朝が滇王に授けたものであって、これら遺跡は滇国《てんこく》の王族や貴族の墳墓《ふんぼ》であることがわかった。と同時に、それは司馬《しば》遷《せん》の『史記《しき》・西南夷伝《せいなんいでん》』に記述された滇国の実在をまさに証明することにもなったのである。この金印は、わが国での後漢、光武帝の時に与えられたという「漢委奴国王」（漢の倭《わ》の奴《な》の国王）の金印と類似することがすでに指摘されている。金印のつまみはいずれも蛇の形、いわゆる「蛇紐《じゃちゅう》」と呼ばれるものである。「紐（つまみ）」には、このほかに虎、亀、駱駝《らくだ》などがあり、主に北方の遊牧民族には駱駝の紐、南方の農耕民族には蛇の紐が与えられていたという。これらのことから、当時の倭と滇《てん》は漢（前漢・後漢）王朝にとって、同じような位置関係にあったのではないだろうか、と考えさせる貴重な見方を我々に問いかけているようにも思える。

その十数年後の七二年に、滇池よりさらに一八〇キロメートル南に位置する星雲湖の畔、李家山《りかざん》からも同規模の遺跡が発見された。これらの遺跡の時代推定から、滇国が滇池壩子を中心にした地域で勢力を強めはじめたのは紀元前三世紀から紀元前二世紀にかけての頃ではないかと考えられている。

石寨山遺跡から出土した主な青銅鋳造物は、農具、武器、装身具、楽器などであるが、なかでも特長的なのが貯貝器《ちょばいき》であろう。それは当時、富貴な財産（貨幣）ならびに権威の象徴とされていた〝子安貝《こやすがい》〟を貯蔵するための青銅製容器のことである。それはまた貴族たちの副葬品でもあった。時代が下ると、子安貝を「貝貨《ばいか》（貝幣）」として使用する地方もあらわれるようになった。雲南では主に元代の頃までその使用が認められており、その後、山地系民族の装飾品（たとえば女性の首飾りや髪飾りなど）の一部にその姿が留められていたりする。言うまでもなく、子安貝は内陸の奥地である雲南で採れるわけもなく、西はベンガル湾や、東はトンキン湾などの南海との交易でもたらされた貴重品である。古くから雲南を中継地とした内陸と海（あるいは河川）間の遠距離交易が行われていたことを物語る。

石寨山遺跡（1985年撮影）

この貯貝器は時代的に型式（タイプ）が異なり、前期は桶《おけ》形で、後期は銅鼓《どうこ》の形をとる場合が多い。ここでいう銅鼓とは本来、楽器であり、集会の召集、戦争の指揮、祭祀活動などに用いられていたと考えられる。そのほかの用途として煮炊き用の大鍋ではなかったかとする説などもある。銅鼓の種類（タイプ）と分布に関しては、現在までに発掘された最古のものは、雲南楚雄の万家壩《まんかは》遺跡から発見された銅鼓である。紀元前七世紀から四世紀の間に、北は四川、湖南西部、東は広西、広東、そして南は東南アジア一帯に放射線上に広がったとみられている。雲南で発掘された銅鼓のなかには、その表面に変わった羽を頭などにつけた人々（羽人）が乗る船の紋様が多くみられるものもある。

滇の社会と文化

これら貯貝器ならびに銅鼓の蓋の上に、当時の人々の日常生活やその社会の一端が塑像《そぞう》として残されている。これら塑像の様子以外にも、多くの青銅製の農工具や王族、貴族の墳墓の出土などからみても、滇国は、滇王をはじめとした王侯貴族を支配層に頂く農耕社会であったことがわかる。大きな湖を中心とした壩子で稲作をはじめいろいろな作物を栽培し、湖では魚貝類をとり、山間部の森では採集や狩猟を行うなど自然環境に恵まれた生活を営んでいた。普段は高床式《たかゆかしき》建物に居住し、〝春播〟（春季の種まき）行列の儀礼を行い、〝祈年〟（神に豊作などを祈願）などの祭祀の時は、祠形建築物を中心に祭祀行事を行っていた。時には人身供儀《じんしんくぎ》などの祭祀も行っており、貯貝器・銅鼓の蓋上の塑像にその場面がリアルに再現されていることに特に目を引かれる。

農耕以外にも、家畜を飼う場面の塑像も少なからずみられ、なかでも騎馬兵士の戦闘場面をあらわした塑像に滇王国にみる農耕社会の別の面をみせられ、強い印象を与えられるだろう。それは石寨山遺跡から動物闘争文様の装身具や武具、武器などが少なからず出土していることからも裏付けられる。青銅貯貝器や銅鼓の塑像にあらわされた兵士同士の戦闘や処刑などの場面は、北方騎馬民族の影響を強く受けた民族集団との争いが絶えなかったことを示唆している。滇国にとって敵対関係にあったのは、滇の西北に位置していた「昆明」と呼ばれた遊牧（牧畜）系の集団であった。処刑される兵士や人身供儀のための人頭の多くは昆明人のものと想像される。滇池（滇国）をはじめ雲南各地（壩子）の農耕社会では、横断山脈を主な移動ルートとして北方草原地域から南下し進入して来た騎馬民族あるいは遊牧系民族の人々と絶えず接触し、その牧畜文化の影響を受けたのであろう。それは石寨山遺跡から発掘された一連の遺物が、北方文化なかでもスキタイ系文化などの強い影響を受けていることからも伺い知ることができる。滇の文化は農耕文化を基盤としながら、騎馬文化ならびに牧畜文化も取り入れた複合的な文化であった。それは、雲南独得の文化を形成していたと言ってもいいかもしれない。

では、「滇人」とはどのような人々であったのだろうか。この点については諸説あって、一応、水稲耕作民と考えれば「百越系《ひゃくえつ》」、越人《えつじん》すなわち滇越《てんえつ》（現在のタイ族系の祖先集団と考えられている）との関わりが深いと指摘されているが、「濮《ぼく》」あるいは「氐羌《ていきょう》」系との関係も言及されており、また当時の「靡莫夷《びばくい》」（西南夷の項で後述）との関連を重視する見方もあり、まだ不明な点が少なくない。百越系の人々は、かつての海洋や河川沿い地域において主に水稲耕作を行い、農耕文化を発展させてきた。それに対し、濮の人々は内陸の河川沿いで畑作文化などを発達させてきた。一方、氐と羌の人々は内陸の高原地帯で遊牧ならびに牧畜を行いながら徐々に南下して、移動先の農耕民たちとの接触や融合などを繰り返してきたものと考えられる。当時、壩子ではすでに定着農耕の段階に達していた人々が居住していたことは推測できよう。したがって、このようなことからも、「滇人」も各時代の、それぞれの民族集団と同様に接触を繰り返しながら、様々な民族の〝複合的文化〟の保持者たちであったと考えられる。

雲南各地の青銅器文化

石寨山遺跡や李家山遺跡などの出現以前に雲南各地では、すでに青銅器文化が現れ始めていた。雲南が青銅器時代を迎えたのは、紀元前一四世紀から前一一世紀の間ではないかと考えられている。雲南西北部の剣川《けんせん》の海門口《かいもんこう》遺跡から雲南最古の銅器と青銅器一四点が出土しているが、それらは今から三〇〇〇年以上前の、すなわち紀元前一一世紀頃のものと推定されている。雲南における青銅器の最盛期は、紀元前五世紀（春秋時代中期）頃と考えられている。その代表的遺跡が祥雲《しょううん》県の大波那《だいはな》墓地遺跡であり、出土したさまざまな遺物のなかで、特に大量の銅を使用した青銅鋳造の棺がよく知られている。

雲南の青銅器文化は、遺跡から跡付ければ、まず最古の西北部（剣川）から次に中北部（祥雲）に広がりをみせ、さらに滇池地方に比較的近い中東部の楚雄《そゆう》県の万家壩墓地遺跡につながり、最後に東部の滇池地方、滇王国の青銅器文化に収斂していくようにみえる。万家壩墓地遺跡のユニークな点は、出土した青銅器のほとんどが生産道具や武器類であったことである。本来、青銅器は貴重なものとして祭祀用あるいは祭礼（楽器など）用などとしてつくられたが、このような日常道具に青銅器が使われているのは、雲南という地域の特長でもある。このことは、かなり青銅器文化が雲南各地に普及していたことをも物語っている。

雲南において青銅器文化が栄えたのは、雲南には青銅をつくり出す豊富な資源があったからであろう。雲南は古くから銅、錫、銀など鉱物の一大産出地であった。銅の主な産出地は、かつて堂狼《どうろう》（山）近くの朱提《しゅてい》（山）などと呼ばれた雲南東北部、現在の東川地区である。朱提は銀の産出地でも有名であり、その後の時代に朱提銀と呼ばれるようになり、その名がよく知られるようになっていった。一方、錫の産地としては現在の個旧地区が最も有名であろう。個旧は、歴史的にも重要な錫の一大産出地である。なお、石寨山出土の青銅器を分析した結果、たとえば剣は錫を二〇パーセント混ぜることでより強度を高くし、腕輪は六パーセントの錫を加えることで柔軟性を増し、銅鼓は一五パーセントの錫を混ぜることで音響効果を高くしている事実が明らかになっている。おもしろいことに銅の主な出土地の東川と、錫の主な出土地、個旧のちょうど中間地点が滇池すなわち滇国があったところである。北から銅を、南から錫を調達するには滇国は非常によい位置にあったということも考えられる。

これら鉱物は雲南に留まらず、中原《ちゅうげん》へ早い時期から運ばれていたことが各地の遺跡から伺える。洛陽付近の遺跡、たとえば河南安陽婦好墓から発掘された一四青銅器のうち四点の青銅原料が実験の結果、雲南からもたらされたものと判明している。また四川の三星堆《さんせいたい》遺跡から出土した青銅器の一部材料は雲南からもたらされたものと考えられている。このような青銅器文化の拡がりを背景に、紀元前五世紀以降に、雲南各地の壩子を中心にした地域では徐々に発達した稲作農業社会を形成していったのではないだろうか。滇国もこのような時代的流れのもとに形成されたものと考えられよう。

西南夷とは

当時、中国西南の各地には、「非漢民族」である滇をはじめ多くの部族（民族集団）や国（部族国家）が割拠し、それぞれ勢力をもっていた。これら民族集団は、地域によって「西夷《せいい》」あるいは「南夷《なんい》」と呼称されることもあったが、総じて「西南夷《せいなんい》」と称されていた。では、西南夷にはどのような民族集団あるいは国（くに）が存在していたのであろうか。

『史記』をまとめた司馬遷は、若い頃より視察などのために各地を旅行し見聞を広めたといわれているが、紀元前一一〇年（元封一年）頃に、現在の雲南地方（具体的地名は不明）まで足を伸ばしたのではないかとされている。この時の見聞なども踏まえて書かれたであろう『西南夷列伝』（『史記』のなかに編纂）に、当時の西南夷の状況が以下のように記されている。

西南夷の君長の数は十をもってかぞえられ、そのうち、夜郎《やろう》が最大である。その西は靡莫《びばく》の属で、その数も十ほどあり、そのうち、滇が最大である。滇から北にも、君長の数は十ほどあり、そのうち、邛都《きょうと》が最大である。これらはみな魋結《ついけい》（頭髪を椎《つち》の形に結び）し、田を耕し、村をつくっている。その外、西方の同師《どうし》から以東、北方の楪楡《しょうゆ》に至るまでは、嶲《すい》・昆明と呼ばれている。これらはみな編髪（弁髪《べんぱつ》）し、畜に随って遷徙《せんし》しながら、定住せず、君長もいない。その地は数千里四方にわたっている。嶲から東北方においても、君長の数は十ほどあり、そのうち徙《し》と筰都《さくと》が最大である。筰都から東北方においても、君長の数は十ほどあり、そのうち冉駹《ぜんぼう》が最大である。その俗は土着するものもあり、移住するものもあり、すべて蜀《しょく》の西方に居住している。さらに、冉駹から東北方においても、君長の数は十をもってかぞえ、そのうち白馬《はくば》が最大であり、みな氐《てい》の類である。以上はすべて巴《は》・蜀《しょく》の西南の外辺に居住する蛮夷である。

当時、西南夷と総称されていた集団は、大きく四つのグループにわけられるようであった。

① 最も東南に分布する農耕系民族のグループ。定住して村落があり、政治組織においては族長

（君長）がいる。風俗としては魋結、すなわち頭髪を椎の形に結んでいる（椎髻《ついけい》）。このうち、夜郎国を代表する東方の一群、滇国を最大とする西の一群、さらには滇国の北にあって邛都を最大とする一群の三大グループに分けられる。

② 上記の群の西方に分布する牧畜系民族のグループ。遊牧をしていて族長（君長）はいない。風俗としては頭髪を編んでいる。嶲・昆明と呼ばれていて、同師より以東、楪楡に至るまで、四方数千里の広い地域に分布している。

③ ②集団に対して、さらに東北方面に分布する民族グループ。土着し、あるいは移動している人々で、族長はいる。徙と筰都を最大とする南西の一群と、冉駹を最大とする東北の一群に分けられる。

④ 氏の類。冉駹よりさらに東北に分布する白馬を最大とするグループ。

まず、③と④のグループは四川西方の諸族、チベット系に近い民族集団である。②のグループである遊牧民族は唐代ごろまでの文献には現れるが、その後、雲南西部方面に遊牧民族の存在は一般に認められていない。その後、移動したか、定着して他の民族集団と融合したか、などであろう。ただし、嶲と昆明はもともと分布地域やそれぞれの民族集団のあり方などが必ずしも同じではないという説もある。どちらかといえば嶲の方が雲南から現在の四川省にかけて広く分布していた遊牧系の集団であり、昆明は洱海を中心とした大理地方などで農耕民化した人々を少なからず含む集団とも考えられている。①のグループのなかで、滇についてはすでにふれたが、夜郎は「濮」あるいは「越」系、邛都は現在のイ族を含むチベット系に近い集団ではなかったと考えられている。

雲南への交通路の開発

各地で西南夷が勢力を保ち、割拠していたが、その一方で、中国内地から雲南への交通路が早い時期から開発されてきた。まずは陝西《せんせい》から蜀（四川ルート）経由で雲南を結ぶ交通路の開発がはじまった。四川地方は、歴史上絶えず雲南に直接影響をもってきた重要な地域の一つである。このような四川ルート以外にも、雲南において中国（漢）文化の影響経路がいくつかあった。その一つが湖北から巴（長江ルート）を経由して雲南に至るルートである。

このことを物語るのが荘蹻《そうきょう》に関する言い伝えである。『史記』の『西南夷列伝』のなかに伝えられているように、楚《そ》の威王の時、楚の将軍荘蹻は兵を率いて長江の流れに沿って上り、巴郡（現在の重慶《じゅうけい》地方）、黔中《けんちゅう》（現在の湖南《こなん》・貴州地方）以西を遠征し、滇池に至った。荘蹻は肥沃な土地が広がる滇池周辺を征服した後、楚に戻ろうとしたが、秦《しん》に巴郡・黔中郡を攻略され、帰り道を塞がれてしまった。荘蹻は部下を引き連れて滇池に戻り、そのまま留まって、滇の王になったという。この話は史実か否かについて依然不明な点も多く、どちらかといえば荘蹻伝説として考えられるが、ただしこの伝承から荘蹻が辿ったルートが中国文化（この時は主に楚文化ではあるが）を雲南に伝える重要な一つであったことがわかるのである。

春秋戦国時代の秦（国）において、都江堰《とこうせん》の建設で水利灌漑システムをつくり出し、四川盆地を豊かにさせたことで有名な蜀の郡守《ぐんしゅ》（長官）李冰《りひょう》は、僰《ほく》（四川宜賓《ぎひん》）から滇（雲南昆明）への道路開発に着手した。秦が全国を統一した後、始皇帝は常頞《じょうあん》を派遣して現在の曲靖《きょくせい》まで「五尺道《ごしゃくどう》」を開通させた。古来、雲南へ通ずる道を開くのは容易なことではなかったが、道の幅が一メートルあまり（当時の五尺はわが国の四尺以下）あるかどうかの狭い道、すなわち「五尺道」が滇国に通ずる道として秦代になってやっと開かれた。滇国方面に通じて官吏（役人）も置いたが、秦が滅びるとともに漢代になってこの道は放棄され、蜀の古い国境に関所が設けられてしまった。巴と蜀の民は、密かに国境を出て「筰の馬」「僰の奴婢《ぬひ》」「旄の牛《ぼう》」などを売り買いして富裕になり活気があったという（『史記』「西南夷列伝」）。これらのことから当時、奴隷は南方（僰より南つまり雲南か？）から、筰（地名）の馬、旄牛（ヤク）などが西方との交易品であったことがわかる。

「僰」は「ほく」と日本語で読み、現在の宜賓地方を中心に前漢時代以降、史料上に現れてくる一種の民族集団の呼称である。「僰」と呼ばれた人々は、滇池一帯、雲南東南部などにも分布していたとされ「滇僰《てんぼく》」とも呼ばれたが、前漢の末期に宜賓地方から雲南の滇池地方などに大移動したとする説もある。前漢末期、朱提（昭通）地区ではすでに「僰人」は治水を行い、水稲耕作をはじめ、冶銅《やどう》の技術もかなり発達していたという。また「僰」は、古代中国で四川地方に住んだ羌族系の人々とする説もある。

その「僰」が元代から明代になって「民家《ミンチャ》」(現在のペー族)の別称となり、さらに同じ水稲耕作民であるタイ族の呼び名に転用された経緯がある。かつての「僰人」は、かつて「白人」とも称された現在のペー(白)族と民族的、文化的に深い関わりがあるとする考えは現在もなお多いが、それぞれの呼称の面でも関係していたと思われる。すなわち、「僰人」と「白人」は同音に近い異字である。僰は現代中国語音では bo であり、他称である「民家」すなわち現在のペー族の自称は「白子」bai-zi、「白尼」bai-ni などから「僰と白」の音が近いことから、当時民家を〝僰子〟とも呼称したのではないか。

一方、同じ水稲耕作民であるタイ族は、当時「百夷」bai-yi あるいは「擺夷」pai-yi とも呼称(他称)されたので、僰と関連づけられたとも想像できよう。一説には、「白人」出身の李元陽《りげんよう》が『雲南通志(万暦編)』を編纂の際に、自らの集団を非漢人である「僰人」とすることを嫌い、むしろ(漢人としての)郡人とし、そのかわり「百夷」と他称されていた当時のタイ族を「僰人」あるいは「僰夷」としたことから、それ以降混同が生じたのではないかという説もある。

漢代商業路の開拓と西南夷の平定

雲南(現在の昆明を中心に)が中国の王朝に組み込まれるのは秦代にはじまるが、より本格的な統治は漢の武帝の時からである。ただし、その支配はあくまでいくつかの壩子を拠点とした〝点〟支配でしかなかった。

漢王朝は武帝の時代に入り、北方の匈奴をはじめとする周辺諸国、諸地域を服属させるとともに、積極的に国外との商業路の開発に乗り出していた。特に西域を通じた交易路、いわゆる今日称されるシルクロードの開拓にも積極的に取り組んでいたのである。その過程で、雲南がいかに四川を起点とするインドへ通ずる交易路・商業路の中継交易地域として重要であるかが認識され、雲南における交易路の拠点である主要な壩子を統制下に置こうとしたのである。

武帝による中国南部の平定は、即位後三年の紀元前一三八年（建元三年）の閩越《びんえつ》攻撃を始まりとする。紀元前一三五年（建元六年）、南越を帰順させるべく唐蒙《とうもう》が派遣された。唐蒙は蜀特産の「枸醬《くしょう》（枸の実でつくった味噌）」が牂牁《そうか（しょうか）》江経由で現在の広東《カントン》地方にもたらされていることを知り、さらに牂牁江の上流には夜郎《やろう》国があることを確かめる。そこで唐蒙は夜郎の兵を調達して牂牁江に船団を組んで一気に南越《なんえつ》を攻撃する策を上申し許された。武帝は、中郎将に任じた唐蒙を夜郎国の王、多同《たどう》に接見させた後、現在の宜賓地方に犍為《けんい》郡を置いて現在の四川南部、雲南東北部、貴州西北部などを統治する拠点とした。一方、西夷の邛《きょう》・笮の地（現在の四川、西昌《せいしょう》から雲南の西北にかけて）にも郡を置くべきだとする司馬相如《しばそうじょ》の進言により都尉《とい》を派して漢へ服属させた。

その後、漢は北方諸民族の対応に追われることになり、西南夷経営は犍為郡を置くのみで一時中断されたが、匈奴対策のため大月氏など西方諸国に派遣されていた張騫が紀元前一二二年（元狩元年）に帰り、西方の情況を報告すると、にわかに動き出す。

張騫が武帝に報告した内容は以下のようなものであった。遠く大夏《たいか》（バクトリヤ）の地で蜀の布と邛の竹杖《ちくじょう》（竹のつえ）を見かけた。どこから運ばれて来たものかと現地の者に尋ねると、身毒《しんどく》（天竺《てんじく》、今のインド）からだという。すなわち、蜀（四川）から身毒（今のインド）に通じる道があり、蜀の商品（商人）が身毒まで流通（通商）している事実を知ったのである。そこで張騫はたびたび匈奴に脅かされる北方ルートよりも、蜀から雲南を経由してインドに至る商業路の開拓を主張したのである。さっそく武帝は部下を滇に派遣し、滇王嘗羌《しょうきょう》に雲南西部の商業路の開拓を要請した。嘗羌は一〇人余りを西方に派遣するも、洱海から永昌《えいしょう》にかけて勢力があった昆明夷《こんめいい》に阻止されてしまう。結局、身毒国に通じる路は開拓することができなかった。それでも漢は諦められず、昆明夷を征伐するために、その地の湖に擬した「昆明池」（人造湖）を長安郊外の西南地区に実際につくり、水上戦の演習を行った。これが、いわゆる「漢習楼船《かんしゅうろうせん》」という諺の由来である。なお、清末、西太后《せいたいこう》の離宮として有名な北京西北郊の頤和園《いわえん》にも同名の人造湖がある。これは余談ではあるが、滇王が漢の使者と会見している時、「漢とわが国とではどちらが大きいか」と問い、これは夜郎国の王も同じことを聞いたが、後世ではなぜか「夜郎自大《やろうじだい》」の諺として伝えられてしまった。

紀元前一〇九年（元封二年）、武帝は再度、巴蜀の兵数万をもって労浸《ろうしん》、靡莫を撃滅し、滇を降伏させた。まずは滇国の中心である滇池の畔、晋寧《しんねい》に益州《えきしゅう》郡を置き、滇王はそのまま君長とし、滇王の印を授けた。西南夷の君長は数百を数えるが、漢王朝から王の印を受けたのは夜郎と滇のみであり、滇は小国ながら漢に寵遇されたという。

ここに武帝による西南夷の平定は、紀元前一三八年の閩越攻撃にはじまり、紀元前一〇九年の滇征服による益州郡の設置によってほぼ達成された。平定の期間におよそ三〇年を要したことになる。

海・河川へ広がる交易ルート

前漢（紀元前二〇二～後八年）代では、インド（ミャンマー〔ビルマ〕経由）への商業路は本格的には通じなかったが、後漢時代（二五～二二〇年）に入ると永昌郡が現在の保山《ほざん》（壩子）に設置されたことによって、河川を経て海への交易ルートが開かれていった。

五一年（建武二七年）、哀牢夷の首領、賢栗（栗賢とも）が村民一万七千人余りの服属を求め、光武帝は賢栗を君長と認めた。六九年（永平一二年）、哀牢国の王、柳貌が当地の首領を代表して帰属を申し出ると、後漢の明帝は哀牢（現在の騰衝《とうしょう》や徳宏など広い地域）と博南《はくなん》（現在の永平《えいへい》）ならびに益州郡の西部を併合して、不韋《ふい》（現在の保山）に永昌郡を設置した。これは言うまでもなく、インドへの商業路を開拓する意図の下で、あくまで壩子を起点とする線（交易路）的支配をめざすものでしかなかった。
永昌は中国・四川を起点とし、ミャンマー経由でインドあるいはベンガル湾へ通ずる交易ルート上の重要な中継的窓口を担う雲南西南部の拠点（壩子）的都市であった。このルートは現在、いわゆる「西南シルクロード」などと呼ばれ注目が集まっている。永昌から南海に抜けるルートは、当時まさに内陸国際交通路であり、雲南を経由して、驃国《ピュー》、天竺（インド）、扶南《ふなん》、大秦《だいしん》（ローマ）などに通じ、さまざまな物産が流通していた。当時の永昌郡（八城）は、後漢支配下での一〇五郡のうちでも最上位の規模であったという。

紀元前二世紀より中国の文献に登場するようになった撣《シャン》（たん）は、現在の雲南西部からミャンマーにかけての広い地域に分布していた。撣とは、当時ミャンマー南部に位置し、対インド交易で栄えていたタトゥンのことではないかとする考えもある。九七年（永元五年）撣人の首領、雍由調は西方の幻術師などを伴った使者を洛陽に赴かせ、貴重な品を献上し、後漢の王朝から金印紫綬を与えられている。当時の撣国は、大秦や西アジア地方にも通じていたという。

もう一つの重要な交易ルートとして、古くから雲南の東部、滇池壩子などを経由して現在の通《つう》海《かい》、蒙自《もうじ》を経て河口に出て、紅河《こうが》（元江《げんこう》）を下り、交趾《こうし》（かつての越南《えつなん》、現在のベトナム）の海に出るルートが開かれていた。かつてこのルート上に位置した滇国などの繁栄は、この交易ルートによってもたらされた発展と深く関わっていた。後漢初期に紅河デルタで起こった徴則《ちょうそく》（ベトナム語でチュンチャク)、徴貳《ちょうじ》の乱を伏波将軍馬援《ばえん》が鎮定したことから「馬援古(故)道」などと別称されたこの交易ルートは、中国から雲南を中継して南海に至るもう一つの重要なルートとして歴史的に発展していった。

諸葛亮(孔明)の雲南遠征

後漢(二五〜二二〇年)から三国時代(二二〇〜二八〇年)にかけて、大渡河《だいとが》(泯江《みんこう》の支流)以南、雲南をはじめ貴州、四川南部を含めた広大な地域を「南中《なんちゅう》」と呼んだ。当時は越嶲《えつすい》、牂牁、益州、永昌の四つの郡を含む地帯をいうが、この南中において、各地で勢力を有していた豪族(同姓)たちが「大姓」として頭角を現すようになってくる。これら大姓は、非漢民族化した漢人である「豪吏《ごうり》」と漢人化した非漢民族である「夷師《いし》」を含んでいたといわれる。三国時代、蜀国支配下にあって、土着の部族、豪族などの集団がたびたび反旗を翻し、劉備の死にともなっては(二二三年以降)ますます南中の諸郡(諸部族)を治めることが難しい状況になっていた。

益州の豪族雍闓《ようがい》は、蜀の太守を殺害し、後任の太守を捕らえて呉に送り、孫権から永昌郡の太守に任じられた。これに呼応する形で、越嶲郡の豪族高定さらには牂牁郡の太守朱褒《しゅほう》も反旗を翻していった。劉備亡き後、諸葛亮(孔明)はこれら南中の豪族(大姓)たちをいかに治めるかが大きな課題の一つとなっていた。孔明にとって、是が非でも南中の豪族たちを味方につける必要があったのである。それは魏ならびに呉との戦いにおいて、蜀国内での〝背後からの〟憂いを取り除き、さらには非漢民族の人々の力（特に武力）を結集することでより強国（特に軍事面で）をめざすなどのいろいろな理由があった。まず呉との関係を改善し、内政の整備と経済の回復に努めた後、いよいよ孔明の南中（主に雲南・滇池地方）への遠征がはじまるのである。

二二五年（建興三年）三月、孔明自ら軍隊を率いて出陣した。遠征軍は、三手に分かれた。一つは牂牁へ向かう軍を指揮する馬忠《ばちゅう》、一つは平夷から一路南下する李恢《りかい》の軍、そして孔明軍は西の越嶲にそれぞれ向かった。孔明は越嶲で高定を斬った。馬忠は牂牁で朱褒を破り、中央のルートを進んだ李恢の軍とともに益州（滇池）をめざした。孔明の本隊は五月に瀘水《ろすい》（長江上流の金沙江の一部、渡河場所は現在の攀枝花《さんしか》市の説あり）を渡り益州に向かうが、その頃、雍闓は高定の部下に殺され、かわりに孟獲《もうかく》がその配下を率いていた。孔明は孟獲を生かして捕らえるように全軍に指令をだし、孟獲を七回捕らえては七回釈放してやったという。いわゆる「七縦七擒《しちしょうしちきん》」と呼ばれる『三国志』でも有名な一場面である。滇池で李恢と馬忠の軍と合流した孔明は、孟獲を御《ぎょ》史中丞《しちゅうじょう》に任じ、他の豪族たちにも官位をあたえて、南中を平定する。

平定後、「南中」を七つの郡に分けて、それぞれ都督を派遣して郡・県の制度を実行していった。農耕や桑畑づくりなどを奨励する政策を推し進め、また漢人移民の屯田開発なども進めた結果、経済は安定していった。その結果、「南中」からの兵ならびに物資の調達が魏との戦いに重要な役割を果たしたことは言うまでもなかろう。

孔明は今なお中国では絶大な人気を誇るが、主たる漢文化の担い手ではなかった少数民族の間でも今なお好まれる漢人（漢族）の一人であろう。孔明の事跡は、実際に孔明が行っていない地方の少数民族の間でさえも伝承されている。たとえば、雲南国境に近い山岳地帯に住むジンポー族やワ族では、種まき（畑作・田植えなど）や牛耕（牛を使用した耕作）、家造りなどの仕方は孔明に教えられたと言い伝えられているという。なぜこのような伝承があるのかを解く一説として、この地方の人々がかつて雲南内地の屯田に駆り出された歴史的経緯と深い関わりがあるのではないかという考えもある。また、西双版納の山地地帯で主に茶の生産にたずさわるジノー族などでは孔明がお茶の種をもたらしたとか、タイ族の水掛祭りのなかで「孔明灯」と呼ばれる大きな紙製の気球を揚げたりなどして、今なお少数民族の間でも「孔明伝説」が語り継がれている。これらの伝承や習俗も、例えば現在の山地に居住する少数民族地区にも商売で訪れてきた漢族商人との接触などで伝わった可能性も少なくないだろう。いずれにせよ、諸葛亮（孔明）はまさに文化英雄（カルチャーヒーロー）として今なお語り継がれていて、日本でいえば空海（弘法大師）のような存在である。

その孔明が敵国魏との戦いの最中、五丈原《ごじょうげん》の陣中で病死すると（二三四年）、その後三〇年も政権はもたずに二六三年、蜀漢政権も滅亡する。

南中の豪族（大姓）

南中における豪族（大姓）は、孟獲の孟氏、雍闓の雍氏などに代表されるように、各地で勢力を有していた。これら豪族たちが姓を用いるようになったのは、早くは後漢末からも一部みられたが、一般には三国時代頃からであり、一説によれば、孔明から姓をそれぞれ授かったという。孔明は南中地方の強い兵卒などを蜀に移住させ、五部の郡戸を編成し、飛号と称する無敵軍をつくりあげていたといわれる。孔明は、焦《しょう》、雍《よう》、婁《ろう》、爨《さん》、孟、量、毛、李などの大姓のなかからすぐれた人物に官位を与え、部下として政権の軍政部門にとりたてた。建寧出身の爨習《さんしゅう》は領軍将軍、朱提出身の孟琰《もうえん》は輔国将軍、そして孟獲は御史中丞に任じた。さらに呂凱《ろがい》は永昌太守に任じている。

晋代（二六五〜四二〇年）になると、大姓の勢いはますます増していった。建寧（益州郡）、朱提の二つの郡では雍、孟、爨、焦、董《とう》、毛、李、雷《らい》などの大姓が台頭し、牂牁、雲南、永昌の三郡では謝、王、範、呂、陳、趙、楊などの大姓がそれぞれ勢力を保持していた。これら豪族は広い領地と非漢人・漢人の私兵（部曲《ぶきょく》）を持ち、経済と軍事の実力を備えていた。なかでも三〇二年（太安元年）以降、李をはじめとする他の大姓が晋王朝と激しく対立していくなかで、爨氏は着々と勢力を拡大していった。

雲南東部を中心に爨一族が勢力を広げている間に、西部では洱海周辺でもう一つの勢力が出現していた。それは白子国《はくしこく》をつくった張《ちょう》氏で、一般に「張氏白子国」とも呼ばれている。張も「南中」

の大姓の一つであった。一説によると、後漢末期に「僰人」が洱海地方に移住し、その後「僰人」が「白人」と改められていったのではないだろうかという考えもある。そのような「白人」のなかでも白崖《はくがい》（一つの爨子）に拠った張氏は勢力を強めて、白子国を建てた。白子国の都城（白崖城）は、かつて中国（四川）から雲南（かつての雲南駅、祥雲地方）を経て大理に至る手前の重要な地点にあった。この一帯には祥雲、彌渡《みと》など比較的大きな爨子が集中している。張氏と「僰」との歴史的関係は必ずしも明らかとは言えないが、いずれにせよ白子国を形成したのは白崖、祥雲、彌渡などの爨子に古くから居住していた人々（後の白蛮《はくばん》）と考えられている。白子国の繁栄は、四川から雲南、そして永昌に至る交易ルート上に位置していたことからも理解しやすいが、史料によると張氏は遥かインドの阿育王（アショーカ王）から王位を受けたという。この伝承は、事実であるとは考えにくいが、むしろ張氏が交易ルートを通じてインド方面の知識を得ていたと考えられる。

爨氏の台頭

爨《さん》氏は、後漢（二五〜二二〇年）末から「南中大姓」の一つとされ、三国時代（蜀漢）では有力な「四姓五氏」の一つとみなされていた。すでに東晋の常璩《じょうきょ》が著した『華陽国志《かようこくし》』に爨氏に関する記述がみられるが、主に三世紀、魏晋南北朝（二二〇年〜五八九年）の初期から頭角を現している。李毅、王遜が治めた寧州のもとで、多くの豪族が勢力を失っていくなかで、爨氏は、雲南東北部の曲靖爨子を本拠として、次第に台頭し、その勢力を昆明爨子にまでも拡大していった。三四〇年（咸康六年）、孟彦《もうげん》と霍彪《かくひょう》が共倒れしてゆくなかで、爨深《さんしん》が最も勢力を有するようになっていった。四三二年、益州で叛乱が起こり、寧州の太守であった爨龍顔《さんりゅうがん》は精鋭五千の兵でこれを鎮圧し、その間、爨氏の勢力はますます壮大なものになっていく（『爨龍顔碑』を参照）。ついに六朝後半期には、雲南東部の実権を握るまでに勢力を拡大していった（『小爨碑』、『大爨碑』を参照）。

　隋がそれまでの国内分裂をまとめ、全国を統一すると、より一層雲南の統治が強化されていった。五八五年（隋の開皇五年）、南寧州総管府（曲靖）は石門路（道）の修復をすすめ、宜賓から塩津、さらには石門関から昭通への行路を整備した。五八四年から五八五年（隋の開皇四年〜五年）にかけて、朝廷は偉世衡《いせいしょう》に命じて南寧に軍を進め、恭州、協州、昆州を設置した。五九七年（開皇一七年）、爨翫《さんがん》は隋に反旗を翻し、将軍史万歳《しまんさい》に討伐されるなど隋朝から一時打撃を受けるが、王朝が唐朝にかわると状況に変化が現れるようになっていった。唐朝とは初期には協調的関係を保ち、その雲南経営が後退している間、再び爨氏の勢力は盛り返していった。唐朝は爨翫の子、爨弘《こう》宏《こう》を昆州刺史《しし》に復帰させた。

　爨氏の民族系統は、漢人の出身とも考えられるが、一説には昆明爨子や曲靖爨子を中心に雲南東部の盆地に定住していた、たとえば前述した「麊莫《びばく》夷」の末裔で後の「白蛮」に繋がる農耕民集団ではなかったとされる。いずれにせよ、爨姓氏族が次第に現地土着民と通婚を重ねて非漢民族に同化するにつれ、南北朝期に「爨姓部族」として一大有力部族となっていったようである。「爨」は主に味県（現在の曲靖）壩子を中心に勢力を有する部族名であったが、勢力が拡大するにつれて、場所あるいは地方を指す言葉に変わっていった。当時の呼称は、主に地域別に東西に分けられていた。すなわち、現在の曲靖以西の平地（壩子）、もっと厳密に「西境」（北周時から）は「西爨《せいさん》」と呼ばれた。その爨氏の直接領地は、土地が肥沃で、経済・文化が比較的進んだ非漢民族が居住し、漢人も多く居住していた。

一方、雲南の東北部、現在の昭通や東川から曲靖（以東）を中心に、雲南東南部へ広がる山地地域は「東爨《とうさん》」と呼ばれ、非漢民族が多く、漢人は少なかった。さらに、日常着ている衣服の色の違いや生業形態の違いによって、白衣を着用する非漢人を「白蛮《はくばん》」、黒衣を着用する非漢人を「烏蛮《うばん》」と呼んだ。西爨地域には、山間盆地（壩子）で稲作社会を基盤とした比較的進んだ経済や文化をもつ非漢人すなわち「白蛮」が多かったので「西爨白蛮」とも呼ばれた。一方、東爨地域は山地（一部、壩子）で主に農牧業を営む非漢人つまり「烏蛮」が多かったので、「東爨烏蛮」とも呼ばれた。

西爨白蛮と東爨烏蛮

西爨白蛮は、昆明を中心に、西は安寧・禄豊《ろくほう》、南は晋寧《しんねい》・徴江、東北は嵩明《すうめい》より曲靖・霑益《てんえき》を含んだ滇池壩子（盆地）と曲靖壩子をつなぐ一帯の地域に分布していた。その一帯は雲南でも主要な農耕地帯であり、漢代では「僰」と呼ばれた人々が広く分布していたとみられる。雲南の両心臓部すなわち昆明壩子と大理壩子を中心に、大小の盆地を含む主要な平地（壩子）に広く分布し、主に水稲耕作を営んでいた西爨白蛮は、早い時期から漢文化を取り入れ先進技術なども身につけた人々であった。なかでも現在の洱海《じかい》周辺（大理壩子）に住んでいた白蛮は、唐代の頃、洱海が西洱河《せいじが》と呼ばれていたこともあって、「西洱河蛮」とも呼ばれていた。西洱河蛮の代表的な姓には、段・楊・趙・王・李・董などがあった。また、洱海（大理）から南に少し離れた彌渡・白崖地方には、「張姓部族」すなわち張氏白子国が早くから勢力をもって割拠していたことはすでに述べた通りである。

東爨烏蛮は、主に昭通、東川、曲靖、尋甸《じんでん》から師宗《しそう》、瀘西《ろせい》、弥勒《みろく》すなわち雲南の北境から東北境そして東境にかけての山岳地帯および金沙江北部の山岳地帯に、さらには大理北方の麗江《れいこう》から塩源《えんげん》などの広範囲に及ぶ地域に居住していた。「白蛮」が主に水稲耕作を基本としてより漢文化に接触し、より進んだ技術文化を有していたのとは対照的に、北方の「羌《きょう》」の系譜を継ぐ「烏蛮」集団は半農半牧の生活を営み、漢文化との接触があまりみられなかった、どちらかと言えば経済的に後れた人々であった。

しかし、その一部の集団は早い時期から、大理地方の「白蛮」の近くに居住して、力を養い、これら「白蛮」勢力を抑えて、南詔《なんしょう》を建国するに至る。一般に南詔蒙氏《もうし》とも呼ばれ、先進的文化とりわけ漢文化を積極的に取り入れてはいるが、婚姻をはじめ生活習俗などの点からみればやはり「烏蛮種」であり、雲南東部なかでも「烏蒙山《うもうざん》」を中心とした「烏蛮」との関係が注目される。かつての「烏蛮」は現在のイ族のなかでも「ノス」と自称する黒彝《こくい》集団を多く含んでいたと考えられ、「ノス」集団は自らの民族文字で祖先たちの移動史などを文献に記述して後世に伝えている。

それは、烏蒙山近くの「洛宜山《らくいざん》」と呼ばれる地に始祖が誕生し、その後「六人の祖」からそれぞれ系譜をひく集団が各地に遷徙《せんし》していく壮大な〝民族物語〟いわゆる「六祖《ろくそ》神話」である。蒙一族もこれら〝民族物語〟に関わっていたことが考えられる。

南詔国の興り

蒙伽独《もうかどく》を祖とする「蒙《もう》（舎《しゃ》）」氏が洱海より南に離れた蒙化《もうか》（現在の魏山《ぎざん》）地方を拠点に台頭してくるのは、その二代目（実質の初代）の細奴羅《シヌルオ》（独羅）の時である。細奴羅は六四八年に近隣の白子国を滅ぼすと（蒙氏側は張氏からの禅譲とするが）、六四九年（唐の貞観二三年）、細奴羅は大蒙国を号し、奇嘉《きか》王と称した。当時、雲南西部には唐の姚州《ようしゅう》都督府が置かれていたが、雲南西部の拠点である洱海を取り囲んだ周囲の地域には、蒙舎を含めた烏蛮系の六つの「詔《しょう》」が競い合っていた。「詔」とは彼らの言葉で王を意味する。すなわち、六詔とは浪穹《ろうきゅう》・施浪《しろう》・越析《えつせき》・鄧賧《とうたん》・蒙嶲《もうすい》・

蒙舎である。このなかで蒙（舎）氏が最も南に位置していたため、南詔とも称された。
六詔（烏蛮）の出自は、洱海地区の土着出身ではなく、北方から牧畜系民族集団の南下によるものと推論できるが、すでに述べたように、南詔蒙氏は雲南東部の烏蛮から分岐して西遷した集団ではないかと考えられる。烏蛮（特に支配者層）の習俗のなかで際立って特長的な共通点は、父子《ふし》連名制をもち、それに従って命名を行っていることであろう。この習俗は広く、チベット・ビルマ語派、イ語系諸民族などの間で保持されてきたもので、他の民族集団、たとえば広義のタイ族系や漢族などにはみられない。当時の白蛮系にも父子連名の命名習俗はみられない。「父子連名制」とは、字の如く、父親の名の末字が子供の名の頭に付いて繰り返す、一種の命名システムと言えよう。南詔蒙氏の系図をみると、見事に父子連名制を貫いており、この点からも、南詔蒙氏は「烏蛮」出身であることがわかる。

龍伽独—独羅（①細奴羅）—②羅盛—③盛羅皮—④皮羅閣—⑤閣羅鳳—鳳伽異（即位前死）—

⑥異牟尋—⑦尋閣勧—⑧勧龍盛
　　　　　　　　　—⑨勧利盛
　　　　　　　　—⑩勧豊祐—⑪世隆—⑫隆舜—⑬舜化貞

（①〜⑬は即位順を表す）

蒙氏は自らの源流を当時、烏蛮種より進んでいた哀牢《あいろう》（文化）ならびに張氏白子国（文化）の後継者として語っている。なかでも蒙舎地方の支配者であった白蛮系の張氏、特に張樂進求より細奴羅が謙譲を受けたと説明（伝承）することは南詔蒙氏にとってとても重要なことであったと考えられる。それは、どちらかと言えば後れた「烏蛮種」の出身であった南詔（蒙氏）にとって、より進んだ「白蛮」系の張氏（白子国）から権力の継承者として認められることが何よりも大事なことであったからである。また、蒙氏の始祖伝承は「哀牢夷」の九隆《きゅうりゅう》（龍）伝説（龍に関する説話）と深く関係し、その伝承はインドの影響を強く受けている。それは「哀牢夷」がすでに稲作を中心とする相当進んだ農耕文化の段階にあり、ビルマルートなどを通じてインド文化に強く影響されていたことと深い関わりがあると考えられよう。

南詔王国の成立

細奴羅につづく羅盛《らせい》、盛羅皮《せいらひ》の統治時代は、周囲の白蛮勢力を支配下に徐々に組み込んでいったが、南詔国の礎を築いたのは皮羅閣《ひらかく》、閣羅鳳《かくらほう》の時代である。七三八年（唐の開元二六年）、皮羅閣は他の五詔を治め統一することを唐朝に認められ、五つの詔を滅ぼし（一部が松明《たいまつ》祭りの由来話として伝承されている）、洱海周辺地域を支配下に治めた。唐から雲南王に任じられ、「帰義《きぎ》」の名を賜る。これにより雲南西部（各壩子）をほぼ勢力下に入れた。七四一年、南詔は太和城を建設し、そこに遷都した。皮羅閣の子、閣羅鳳は左領軍衛大将軍となり、七四三年にはさらに陽苴咩城《ヤンヅーメイエ》（現在の大理城西）も建設した。

七四六年（天宝五年）、爨姓一族の内紛が起こった。すなわち安寧城を根拠に昆明盆地西部に勢力を張る「崇道」一族（白蛮）と昆明盆地東北部に勢力を持っていた「爨帰王」一族（白蛮）との争いである。爨氏叛乱の鎮圧に唐朝から派遣された都督李宓《りひつ》は、奸計を弄し、崇道に爨帰王と日進を殺害させてしまう。爨帰王の妻阿妊《アーチャー》は烏蛮系の出身であるため、南詔王の皮羅閣（と閣羅鳳）に助けを求めたが、このチャンスを利用して皮羅閣（ならびに閣羅鳳）は爨氏を滅ぼすのである。ここに、南詔が雲南東部もその支配下に治め、雲南全域を統治する南詔王国の礎が築かれた。

七四六年、閣羅鳳は西爨地域（主に滇池地方以西にかけて）を制圧した後、二〇万の西爨白蛮の人々を主に永昌（〜大理）に移住させた。この〝民族大遷徙〟は結果的に「西爨白蛮文化」の多くを雲南西部に移す歴史的事件となり、南詔王国が洱海周辺に国都を構えたこともあって、雲南の政治、経済、文化などの中心が滇池（昆明）を核にする東部から洱海を核にする西部に移ることとなった。その期間は、南詔に続く大（後）理国がモンゴルに滅ぼされ、元朝によって現在の昆明に雲南行中書省《こうちゅうしょしょう》が設置されるまでのおよそ五〇〇年間（七四六年〜一二七四年）に及ぶ。一二七四年以降、その中心は再び現在の昆明に移るのである。

七五〇年（天宝九年）、閣羅鳳は妻子を伴い成都に向かう途中、雲南郡太守の張虔陀《ちょうけんだ》に恥辱を受

南詔徳化碑を納める建物（2001 年撮影）

けたことに激怒し、起兵して張虔陀を殺害してしまう。この事件をきっかけに南詔が唐朝の羈絆《きはん》から脱し、独立王国の実現のために敢然として立ちあがることとなる。すなわち、七五一年（天宝一〇年）、鮮於仲通が率いた八万の大軍に対し、迎え打った南詔と吐蕃《とばん》の連合軍は瀘南《ろなん》（金沙江南）で大勝する。楊貴妃の兄、楊国忠はこの敗戦の事実を隠し、再び七五四年（天宝一三年）に派兵する。李宓は七万の兵を率いたが、神川（麗江北）ならびに西洱河（洱海）で南詔側に大敗した。なお、この時の戦いによる唐側の兵士を中心とした当時の庶民の悲惨な状況が、唐代を代表する詩人の一人白居易（白楽天）の有名な詩「新豊折臂翁《しんぽうせっぴおう》」（新豊の臂を折る翁）に歌われている。自らの臂（ひじ）を切断してまでも雲南遠征の軍隊に徴兵されるのを免れんとした翁（かつては青年であったろうが）の悲劇が伝わってこよう。

一方、この時の南詔側もやむにやまれず唐と戦ったのであって、戦うことは必ずしも南詔国にとって本意ではなかったことが、後の七六四年に南詔国のかつての都城、大（太）和城に建てられた「南詔徳化碑《なんしょうとっかひ》」から読み取れる。この碑（文）は現在、国家重点文物に指定されており、かつて大和城があったとされる場所に記念公園がつくられ、その園内に佇んでいる。七六五年、閤羅鳳は跡継ぎの鳳伽異《ほうかい》に拓東城《たくとう》の建設を命じている。拓東城とは字の通り、東つまり現在の昆明地方を開拓するための拠点となる城あるいは街（町）のことである。なお、この名は七八一年に鄯闡《ぜんせん》と改名された。

第六代目、異牟尋《いむじん》は七七九年に陽苴咩城（現在の大理城西）に遷都した。しばし唐との関係を絶った南詔であるが、その間、徐々に強まる吐蕃の圧力を嫌った南詔は、異牟尋の治世に、南詔の清平官という役職についていた漢人の鄭回《ていかい》の説得もあって、唐との和解に応じた（七九四年）。七九四年七月に洱海を望む点蒼山で唐側の特使と異牟尋は会盟を行い、唐は異牟尋に〝南詔王〟の称号を与えた。

七代目の尋閣勧《じんかくかん》の時代以降、唐朝の弱体化などの影響もあってか、南詔は積極的に対外遠征を繰り返すようになっていった。八二九年、四川地方に遠征し、八三二年に驃《ピュー》国を滅ぼした。モン、彌臣、彌諾、女王国（ハリプンチャイ）に遠征し、なかでも八四六年に安南都護府《あんなんとごふ》を攻め、八六二年に安南都護府を陥落させた。

南詔の支配領域は、その全盛期には、雲南を中心に、四川から大渡河、貴州そして東南アジアまでの広い地域であった。ただし、その支配はあくまで各地の壩子を点とした線的支配でしかなかった。

政治と文化

南詔（王）国は、まず大理（洱海）を中心とした畿内《きない》区域に六ないし一〇の州を設置して中心部を固め、その外域には、六つの節度（使）と二つの都督を置いて国内を統治するシステムを設けていた。南詔国の政治制度は、唐朝の統治システムを模倣して独自につくられた。

まず、唐朝の宰相にあたるのが「清平官」と呼ばれる官位で、六名で組織されていた。軍事を掌握するのは「大軍将」であり、一二名で構成されていた。一二名の大軍将のうち、六名が国内各所の節度使として駐在し、その他の六名が王都に留まって国政に携っていたとみられる。清平官と大軍将は毎日、国王の下で協議を重ね、国政を司っていた。そこで決定した事項は、唐朝の六部に相当する「六曹」と呼ばれる国務行政組織で執行されていた。六つの曹とは、戸籍、財政、外交、儀礼、軍事、刑罰を扱うそれぞれの機関（役所）である。

清平官、大将軍以外にも、「酋望」と呼ばれる官職もあった。酋望とは、王権支配の安定と国内体制の整備の必要から、南詔王に臣服する多くの部酋たちの地位をあたえるための官職であったという。歴代の重臣を担った姓（氏族）の主なものは、白蛮系では楊、段、趙、王、李、董、張などがみられ、漢人系では鄭など、烏蛮系では高などであった。重臣の姓は圧倒的に白蛮系が多いことからもいかに南詔国が白蛮系の集団で支えられていたかがわかるであろう。

南詔国の経済的基盤は、それぞれの壩子での水稲耕作や麦類、雑穀類耕作などの生産力にあり、滇池壩子や大理壩子を中心に比較的農業生産が発展していたものと思われる。農業に加えて一部畜産業や、古代からの金・銀・銅・鉄・錫などの鉱山業なども盛んであった。

漢族の先進的な生産技術などを吸収し、数度にわたって貴族の子弟を成都や長安に行かせるなど、支配者集団内では漢文が通用していたほど漢文化を取り入れ、漢文化に影響されていたと言えるだろう。現存する南詔特有の遺跡や遺物、たとえば洱海の畔に佇む三塔（崇聖寺三塔）や、西寺塔、大和城、五華楼、そして南詔国王の様子などを伝える剣川石鐘山石窟などからも漢文化の影響がみてとれるのである。

宗教は密教（系仏教）を取り入れ、国の外環四方に霊山を配置していた。仏教とのつながりでは、インド、マガダ国・釈迦などの伝承を保持し、唐から観音信仰を主流に大乗仏教を取り入れた。その経緯については『南詔中興画巻』に詳しく描かれている。『南詔中興画巻』は、南詔国の美術品としても極めて価値が高く、『南詔図伝』とも呼称されている。

『南詔中興画巻』は二巻からなり、そのうちの一巻は絵画の巻物である。この絵画の巻物は、長さが五・七三メートルもある。これら巻物には、仏教故事を題材にした南詔国（王）の歴史が描かれている。その内容は大きく三つに分けられている。初めは「巍山起因」といって南詔の始祖（二代目であるが実質の始祖）細奴羅の巍山での生活と、その間にいかに観音信仰に教化されたかの場面が描かれている。次に、「祭鉄柱図」といい、白子国張氏の張楽進求から禅譲され、細奴羅が蒙舎詔の長《おさ》になっていく故事が語られ描かれている。なお、鉄柱の祭祀とは王権のシンボルの意味があり、張楽進求の祭事に参加した細奴羅の肩に鳥が数日とまり続けたと伝える。それは暗に王権の譲渡を示唆しているのであろう。最後は「西洱河記」である。ここでいう西洱河とは現在の洱海のことである。これら巻物は八九九年（唐、光化二年）、すなわち南詔最後の一三代目の王である瞬化貞の統治時に纏められたのではないかと考えられているが、現物はなぜか現在日本の京都有隣館に所蔵されているという。

南詔国は歴代一三人の王がいたが、そのうち唐朝から刺史、雲南王、南詔王などの称号を受けた。九〇二年（唐、天復二年）、最後の王、舜化貞《しゅんかてい》が没すると、子幼くして、清平官の鄭買嗣《ていばいし》に王位を奪われ、南詔国はここに滅びた。鄭氏が建立した大長和国も九二八年、その東川節度使であった楊干貞《ようがんてい》に奪われてしまった。

大理国と三十七蛮部

これら一連のいわば〝国盗り物語〟を遠く隔たった任地で見守っていたのが段思平《だんしへい》である。当時、大理地方の「白蛮」系の出身であった段思平は通海節度使の任にあたっていた。段思平は、南詔王の閣羅鳳時代に唐軍との二度にわたる大戦で著しい戦功をあげ清平官に昇格した段忠国の六代目の子孫にあたる。段思平はこのチャンスを利用して、まず雲南の東部に広く割拠して勢力が強かった三十七蛮部の全面的協力を得て、楊干貞を討伐すべく大理に進軍した。九三七年（後晋天福二年）、楊干貞を討った段思平は大理国を建てた。

大理の建国に多大な貢献をした三十七蛮部とは、雲南の東部を中心に広範囲に分布した有力な部族集団であった。その多くは烏蛮系の集団であった。これら集団はその後、各地で勢力を強め、雲南の歴史上にしばしば登場してくるようになる。なかでも広西と雲南間の交易ルート上に栄えた「羅殿《らでん》国」や「自杞《じき》国」などは三十七部からの有力な部族が発展したものであり、後の各地の土司、土官の系譜も三十七蛮部にそのルーツを辿る者が少なくない。このように各地に割拠した烏蛮系の三十七蛮部の勢力を無視できなかった段氏は、双方の協力関係を石城（現在の曲靖）で「大理国段氏与三十七部会盟碑」という碑文を残している（九七一年）。

大理国は基本的に南詔の支配領域を継承し、東は普安路の横山、南は臨安路の鹿滄江、西は緬甸（かつてのミャンマー〔ビルマ〕）との境である江頭城、北は羅羅《ロロ》斯の大渡河などの地方まで及んでいた。国内の行政区画として八府、四郡、四鎮、三十七部を設けたが、実際は南詔国に比べて王権は弱かったものと思われる。建国時に、三十七蛮部をはじめ各地の部族勢力に支えられた経緯があり、そのような部族や地方には全面的に税を免じたりするなど支配するに及んでない地域が少なからずあったからである。

一〇八〇年、臣下の楊義貞《ようぎてい》は主君、段廉義を殺害して建国しようとしたが、鄯闡（現在の昆明）

の領主、高升泰《こうしょうたい》は楊を討った後、「大中国」を建国するが、三十七蛮部の猛烈な反対にあい、その子高泰明《こうたいめい》は段氏に王位を返し、国名は「後理国《こうり》」に改称された。

大理（また後理）国が強力ではないにも拘らず、独立を長い期間保てたのは、形の上でこそ大理国は宋王朝の属国ではあっても、実際には宋が唐の南詔支配に四苦八苦して失敗を重ねていたことに鑑みて雲南に手を出すことはなかったからである。その事情を伝えた逸話が「宋揮玉斧」である。「宋揮玉斧《そうきぎょくふ》」とは、九六三年に宋軍が四川を支配下に治めた際に、さらに雲南にも進攻すべきではないかと臣下が進言すると、皇帝の趙匡胤《ちょうきょういん》は玉斧（精巧な文具の一種）をもって地図上の四川大渡河に線をひきながら、それ以南は「我関せず」と述べたという。

この話が史実か否かは不明だが、宋をはじめ周囲からの脅威が少なかったことは確かであり、国内の和平が長く続く結果となった。国内の実権は重臣である高氏（烏蛮系）が掌握していた。政治に反して、当時中国との交易は盛んで、広西の邕州《ようしゅう》を中心に雲南馬（大理馬・麗江馬）が多く取引された。これは当時北方遊牧民族と対峙していた宋で大量な良馬を必要としていたことによる。この時、大理側は熱心に密教を中心とした経典類や仏具などを宋に買い求めている。密教は南詔時代から流入しており、その後、儒・道・仏の混在が進んだようである。特に、大理国の時代では国王から平民までもがみな熱心に経を念じる仏教信仰者であり、寺の造営や仏像づくりも盛んであることから、同国は〝妙香古国〟とも称されるほどであった。なんと王位を継承した二一人の大理国王のうち九人もの国王が、自ら王位を息子たちに譲って僧侶になってしまった。それほど仏教（主に密教系）への信仰が広まっていたのである。

モンゴル軍襲来と雲南重視

一三世紀に入ると、ユーラシア大陸はモンゴル族に席捲されるが、雲南もその例外ではなかった。

一二五二年七月、クビライは兄モンケ（憲宗）から雲南・大理への遠征を命じられる。八月、クビライが一〇万の軍を率いてウリヤンカダイとともに雲南に向かった。しかし、クビライ率いる遠征隊はゆっくり進軍し、翌年の夏にようやく六盤山に入った。六盤山は、モンゴルにとって各方面への軍事上重要な拠点であったとともに、英雄チンギス・ハーン（王の意）の終焉の地でもあった。全軍を整えた遠征軍は、一二五三年九月に出発してチベット東部を一気に南下した。モンゴルの伝統である三軍団にわけて進軍する方式がとられ、西よりの右翼軍はウリヤンカダイが率い、左翼軍をチャクラとエジルが率い、中央軍をクビライ自身が統率して雲南を目指した。二か月後に、金沙江に到達した一行は空気を入れて膨らました獣皮を筏などにして川を渡った。いわゆる「元跨《げんこ》革嚢《かくのう》」と呼ばれる場面である。一二月、大理に入り、段興智は鄯闡（現在の昆明）へ逃亡し、高泰祥は反抗したことによって殺害された。大理はクビライ軍に制圧され、一二五三年一二月、大理

（後理）国は滅亡した。その経緯をモンゴル側が記した碑文「大理元世祖平雲南碑」（一三〇四年建立）は洱海を臨む丘に今なお建っている。

大理地方を制圧すると、クビライはウリヤンカダイにあとをまかせ、年が明けると早々に六盤山へ戻ってしまった。ウリヤンカダイ率いる元軍は鄯闡を攻略し、段興智を捕らえて雲南（特に大理地方）統治の協力をさせた。段氏は元朝の統治下で大王を意味するサンスクリット「摩訶羅嵯（マハーラージャ）」の称号を授けられ、これまでの国王という立場を利用し依然勢力を温存したのである。元軍は一二五五年までに強力な三十七蛮部を抑え、雲南全域を治めるとともに、四川の羅羅斯《ロロス》や貴州地方などの周辺も制圧するに至った。その後、陳朝安南国（ベトナム北部）や、パガン王朝の緬国（ミャンマー〔ビルマ〕）など南海に至る地域に遠征を繰り返した。

モンゴル軍は、不慣れな気候や険しい山々、また南方（主に低地）特有の湿気による疫病などに悩まされ、多くの兵士を失うという多大な犠牲を払ってまでも雲南へ遠征を行った。その最大の理由は、南宋を背後から挟んで包囲し、攻め滅ぼそうと考えたためである。ただし、南宋を滅亡させるのに一二七六年まで時を必要とした。なお、その遠征軍には段氏を中心とする爨僰軍も駆り出された様子が史料上に残されている点は注目されよう。

このように雲南は、中国の南部をはじめ東南アジア・南アジア（インド）へ通じる軍事上あるいは交易上の要衝であることが十分考慮されてきたのである。牧畜生活にも適した高原があって、モンゴル族には比較的生活しやすい場所でもあったのであろう。さらには、同地方に産出する金銀などの豊富な鉱山資源を獲得するねらいもあったと考えられる。中国は意外に鉱物資源に乏しい。

一三世紀になると雲南は銀の産出でも有名となり、元代では、金は全土の四割弱、銀は六割強が雲南から産出したとされている。このような豊富な鉱物資源を有するために、歴代の中国政権が雲南地方を手放さなかったのである。通貨としての銀すなわち海外における対外決済において、一三世紀当時、雲南地方はすでに日本を上まわるユーラシア最大の金銀産出地になっていた。

元代とイスラム系の人々

クビライが一二七一年（至元八年）に元王朝を建てると、翌年それまで主に五百年近く政権の中心地であった大理から、南詔・大理時代に鄯闡などと呼ばれた滇池北部の都市（現在の昆明）に中慶路と称して政治の中心地を移し、そこに雲南行中書省《こうちゅうしょしょう》を設けた。雲南という呼称が省（全体）レベルに格上げされたのはこの時からである。

クビライは、中央に行政府の中書省、軍事担当の枢密院、監察機関の御史台とする統治システムをつくりあげ、中書省直轄に現在の河北・山西・山東地方などを畿内とし、その他の地方を一〇の大地域に分けて行中書省という中書省の出先機関を設けた。雲南は一〇の行中書省の一つにされたほど、その統治は重要視されていたのである。むしろ、雲南の勢力が大きくなることを避けるために、一二七四年（至元一一年）に皇族エセン・テムール（先貼木児）が雲南王として任命され、さらに一二九〇年（至元二七年）にクビライの孫、甘麻刺が梁王として封じられた。雲南王は主に大理地方を治め、梁王は雲南全域をその管轄とした。しかし、それぞれの王は雲南行中書省などの政治機関からなんら制約を受けなかったために、事実上は、雲南の東部を梁王が治め、西部は雲南王と段氏が治めるといった、いわば二つの政権に分かれている状態が続いたのである。

現在、雲南省にはイスラム系少数民族、回族《フイ》が省全域に広く分布居住するが、その来歴をたどると元代のこの時期に遡る。雲南に回族が多いのは、元代に賽典赤・贍思丁が一二七四年に雲南行中書省の長官となって赴任してきたことをきっかけに、彼に従う多数のイスラム教徒（ムスリム）が雲南に移住してきたのがはじまりである。「賽典赤《シャイデンチ》」とはペルシャ語で貴族を意味する。「贍思丁」（シャムス・ウッディーン）が実名とされている。彼は一二一〇年に生まれ、別名をウマールという。イスラム教の開祖ムハンマドの後裔ともいわれている。ブハラ（カラハン朝ブハラ汗国）出身のサイイド・アッジャル（すなわちシャムス・ウッディーン）の血脈は雲南を中心に中国ムスリム最高の家柄である。後述する明代の永楽時代に活躍した大航海者、鄭和《ていわ》も雲南ムスリムの出身であり、ある家譜によればサイイド・アッジャルの血脈につながるという。

賽典赤は、各地で屯田を進めて良田を広げ、滇池などの壩子の治水、水利灌漑を積極的に行った。人々の負担をできるだけ軽くして農業発展の礎を築いたといわれる。また、漢文化ならびに儒学を広めるため、孔子廟の創建（昆明、建水など）も行っている。雲南の政治は安定し、生産も発展を遂げ、滇池・洱海など広大な壩子開発も進んだ。賽典赤は一二七九年に病死したが、雲南の人々の間では今なお良き為政者の一人として語り継がれている。なお、賽典赤の亡き後は、息子のナスラディン（納速剌丁）が雲南行中書省平章政事となって、その後を引き継いだ。ナスラディンの統治時代には、元軍の最前線の部隊として安南国（ベトナム）やパガン朝（ミャンマー〔ビルマ〕）の遠征なども行っている。

元朝が弱体化し、その政権末期の一三六六年に紅巾の乱が起こると、元朝は崩壊寸前となり、モンゴル勢力は北へ追われる立場になってしまった。一三六八年八月、大都（北京の前身）陥落にて大元帝国は滅亡した。故郷から遠く離れた雲南のモンゴル族は、取り残される破目になったのである。

賽典赤・贍思丁の墓
（昆明市内。1987年撮影）

現在雲南モンゴル族は通海県にのみ集住するに過ぎないが、今なおチンギス・ハーンやクビライなどの像をつくってモンゴル族のアイデンティティを保持し続けている。また、通海はかつてベトナムへ通じるルートの要衝の地であり、今なおナスラディンの末裔である回族も納家営（ナジャーイン、ナはナスラディンのナ）などの大村に集居している。

マルコ・ポーロの雲南見聞

一二七一年に父、叔父とともにヴェニスを発ったマルコ・ポーロは、苦難の旅を続けてようやく一二七五年頃に上都にたどり着いた。上都の宮廷でクビライ・ハーンに謁見したマルコは、その後およそ一七年間クビライ（元朝）に仕えることとなる。この間、マルコは国内各地を旅行している。雲南地方を旅行したのは一二八七年頃で、河北から山西、陝西、四川を経て雲南に至る縦断旅行を敢行した。この時の雲南各地の状況を、マルコ・ポーロが後にジェノバの牢獄で口述しまとめられた『東方見聞録』のなかに伝えている。なお、マルコは一二九二年にクビライのもとを離れて海路でおよそ三年かけて帰郷したが、ジェノバとの戦いで捕虜となり一年ほど牢獄生活を送るはめとなった。マルコにとっては不運であったが、彼が牢獄に入らなかったら、これら貴重な見聞は本として後世に残らなかったかもしれない。

建昌路（現在の四川省西昌）から、金沙江を渡って雲南入りしたマルコは、当時の雲南地方を「カラジャン」と呼んで紹介している。カラジャン（Carajan）とは、ジャンは爨のことを指し、カラは黒いという意味で、「黒い爨」つまり烏蛮のことである。雲南を統一した南詔国の蒙氏が烏蛮系だったこともあって、雲南地方をカラジャン（地方）と総称したようである。なお、「白い爨」すなわち白蛮はチャガンジャンと呼ぶ。カラジャンには七つの王国があるとし、その一つのヤチ王国について触れている。なお、大カラジャンは雲南全域を意味し、カラジャン王国といえばかつて南詔国や大理国が都にしていた大理を指す。

マルコの見聞によると、ヤチ王国（現在の昆明）は工商賑わう壮麗な都市であったことがわかり、当時雲南ではインドの海などから運ばれてくる子安貝が通貨として使用されている様子もわかって大変興味深い。四川から雲南にかけての塩井《えんせい》にも言及しており、塩を固めた銭（塩を貨幣として使用）なども紹介している。あくまで商人であったマルコは金銀および物産などに注目していることが少なくないが、当地でも、砂金の採れる河や金塊が採れる山や湖などを紹介している。このヤチ王国から西に一〇日行くと、カラジャン王国（大理）に着く。ここを発ってさらに西に五日行くと、「ザルダンダン」という地方に到着する。都はヴォチャン（永昌府）である。ザルダンダン(Zardandan)とは、ペルシャ語で「黄金の歯」を意味し、元代に「金歯蛮」と呼ばれた人々のことである。当地の人々が歯の上に黄金をかぶせているところからの呼称であるが、現在のタイ族系あるいは南アジア語族系の祖系にあたる人々であったと考えられる。この地方では小額の通貨として貝を、大きな通貨として黄金を使うが、銀の流通は多くみられないため（付近に銀山がない）、外地から商人が銀を持ちこんで大きな利益をあげていたという。

明初の雲南統治

明朝が成立した後、一三七五年（洪武八年）、明はいまだ元朝の勢力を保持し続けていた雲南に五度にわたって使者を送り、梁王（把匝刺瓦爾密・パツァラルミ）に降伏を求めている。しかし、その度に使者を殺害され拒否され続けた。そこで朱元璋《しゅげんしょう》は、一三八一年（洪武一四年）九月に、傅友徳《ふゆうとく》、藍玉《らんぎょく》、沐英《ぼくえい》が率いる三〇万に及ぶ大軍をいくつかのルートに分けて雲南（滇池）を攻めさせた。雲南の重要な出入り口である曲靖で梁王軍を打ち破ると、梁王は一二月、妻子を滇池に入水させた後、自害した。現在、滇池の近くに梁王軍がかつて駐屯し、梁王自らも馬を放牧していたと言われる「梁王山」（標高二八二〇メートル）が聳えている。

藍玉、沐英の軍が中慶城に武力を使わずに入城している間、傅友徳の軍は非漢民族の強力な部族勢力（主に現在のイ族系集団）の烏撒《うさん》、芒部《ぼうぶ》、烏蒙《うもう》、東川《とうせん》などに手を焼き、どうにか鎮圧することができた。藍玉、沐英の軍はさらに大理に進攻して、段世を捕虜とし、それまで元朝に任ぜられていた大理総管の地位を剥奪した。その後、車里（現在の西双版納地域）、平緬（ミャンマー〔ビルマ〕との境に繁栄したタイ族の王国・後の麓川土司）なども帰属させた。

一三八二年（洪武一五年）二月には、太祖（朱元璋）の命令に従って、中慶路を改め雲南府とし、軍事などを司る都指揮使司、府政使司を設置した。併せて、府―州―県の設置も急いだ。

しかし、再び烏撒、芒部、烏蒙、東川などの羅羅《ロロ》族（当時は主に羅羅族などと呼称された現在のイ族）が反旗を翻すと雲南全域に大小の反乱が起こり、明軍の大半は雲南を撤退することができなくなってしまった。この事態は朱元璋にとってもまったく予想のつかないものであったし、そのための出費は莫大なものとなってしまった。非漢民族（現在の少数民族）への対応が二転三転する明朝にあって、非漢民族への統治の難しさ、重要さを認識させられる結果となったにちがいない。烏撒、芒部、烏蒙、東川などのイ族系民族集団や雲南辺域の強力な非漢民族首長たちの抵抗は根強いものがあった。なかでも現在の徳宏地区で絶大な勢力をもっていた麓川《ろくせん》（土司）への遠征は三度にもわたって行われた。麓川とは、一三世紀から一四世紀にかけて雲南の辺域で勢力を広げたタイ族系の王国（ムンマオ）のことで、明朝と三回にわたる戦いを繰り広げた後、やっと鎮圧された。これを歴史上「三征麓川《さんせいろくせん》」と呼んだ。

洪武帝時代以降の雲南経営は、主に沐一族によって掌握されていた。一三八三年（洪武一六年）、沐英は雲南に留まり、統治にあたった。沐英は元々孤児といわれ、朱元璋の起兵時に養子となって朱姓となるが、後に改めて沐姓を名乗った。沐英は一八歳から戦場に赴き、次から次と戦功をたて、西平候を授かり、明朝開国の功臣の一人となる。雲南遠征後、雲南に留まり、昆明に府を開き、俗に「沐府《ぼくふ》」とも称された。一説によると、沐英はもともと回民（回族）の出身であったという。一一年間の統治後、一三九二年（洪武二五年）に病死した。

以後、沐英の子孫は代々世襲によって雲南を経営するようになる。子の沐春が後を継ぐが、その後、雲南では「沐氏」の統治が一四（ないしは一七）代にわたって行われていくのである。

雲南出身の大航海者鄭和

明の洪武帝時代に、明朝による雲南（特に昆明）遠征時の混乱に巻き込まれて南京に連れて行かれた一人の回民（イスラム教徒＝ムスリム）の少年がいた。後に南海の大航海者になる鄭和その人である。彼の出身地はちょうど現在の昆明の対岸にあたる滇池の湖畔にある昆陽という街である。現在、鄭和記念館（公園）があり、園内には彼が父親のために建てた碑文が残されている。

鄭和は、一三七一年（洪武四年）に生まれている。もともとの姓は馬であった。残された碑文によると、父も祖父も「馬哈只《マハジ》」とある。哈只とは、アラビア語のハッジ（Hadjdj）を漢語訳したものので、メッカに巡礼した人に与えられる称号のようなものである。したがって、馬和（鄭和の名）は幼少時から父ならびに祖父からアラビア語などの教育を受け、当時のイスラム（地域）の状況を知らされていた可能性が高いと考えられる。馬という姓はもともとムハマド（マホメット）の頭音から名づけられたといわれており、現在の回族（少数民族）のなかでも多い姓の一つである。では、なぜ鄭和と称されるようになったのであろうか。

馬和が生まれた当時の雲南では、まだ元の勢力が残存しており、一三八一年から八二年（洪武一四〜一五年）にかけて、明軍の大遠征が行われた。当時、馬和は一〇歳から一一歳の少年であったが、元朝と深い関わりがあった馬一族は明軍にとって賊として討伐の対象になっていた。父をはじめとする家族の死後、当時生き残った少年の多くが去勢されて戦利品の一部として都など連れて行かれたようである。そのような少年のなかに将来大航海者となる鄭和も混じっていたのであろう。

容姿端麗で利発であったといわれる少年（馬和）は、凱旋した将軍から皇帝（洪武帝）の第四子朱棣《しゅてい》（後の永楽帝）に献上された。成人後、徐々に頭角を現した馬和は、朱棣が甥の建文帝と帝位を争った「靖難の変」で戦功を立て、永楽帝の即位後、宦官の最高位であった太監に任ぜられた。後に、永楽帝から鄭の姓を与えられ、鄭和と称するようになった。

鄭和記念館（1985年頃撮影）

永楽帝が南海への大航海を構想した時、その総指揮者として、鄭和を登用することにはなんら躊躇うことはなかったであろう。鄭和は、出身からしてすでに当時のイスラム（地域）の動向に精通していたと考えられる。一四〇五年（永楽三年）、大型海船六二隻、乗組員二万七八〇〇余名から成る大船団の第一回大航海が行われた。現在の東南アジアの海域を経てインドのカルカッタまでの航程であった。その後、延べ七回の大航海が一四三一年（宣徳六年）、永楽帝の孫である宣徳帝の治世まで行われ、それら航海の先はアラビア海域を経てアラビア半島周辺まで及んだ。なお、最近の研究で鄭和の航海士たちの方がコロンブスなどのヨーロッパ人より早く〝新大陸〟（このような呼称が果たして適切か否か？·先住民からみたら「新」ではない）に到達していたのではないかという説まで出ている。

いずれにせよ、鄭和率いる大艦隊の歴史上に果たした役割は、計り知れない程大きい。滇池（雲南人にとっては海のような存在）の辺りで育った馬和、後の鄭和がこのような世界的大航海者に成りえたことは、出身がたまたま雲南であったという以上に、本来雲南が位置する地域の国際性の一面を証明しているとも考えられよう。

間接統治システムとしての「土司制度」

土司《どし》制度とは、簡単に説明するならば、元、明、清代にわたって各王朝より辺境に居住する非漢民族の首長（族長）たちに異なる位の官職を与えて間接統治を行ったシステムのことをいう。厳密にいえば、土司は武職であり、土官が文職であるが、一般に総じて土司と通称する。

明代では、雲南各地の状況を踏まえ、直接統治地域は内地と同様に府、州、県を置いて流官《りゅうかん》（派遣役人）に統治させ、非漢民族地域では、各首長の勢力の強弱などに従って、宣慰司《せんいし》、宣撫司《せんむし》、安撫司《あんむし》、長官司などの土司、ならびに土知府、土知州、土知県などの土官にそれぞれランクを設けて間接統治をおこなった。

明代における雲南の土司（土官）の設置状況には、明らかに一つの傾向が見受けられよう。すなわち、永昌（現在の保山）から元江（現在の元江）まで引いた直線の以北地区における、強力な一部のイ族系（一部ナシ族）土司を除く非漢民族地域では、土知府、土知州、土知県などの土官が主となっていた。壩子を中心に、徐々に直接統治に向かっていた地域が少なくなかったのである。

一方、元江以南地区つまり雲南西南部から大陸東南アジア北部にかけては、平緬麓川・車里（シップソーンパンナー）・木邦（センウィー）・八百大甸（ラーンナー）・緬甸（ミャンマー〔ビルマ〕）・老撾（ラオス）などタイ族系の宣慰（使）司、南甸・干崖などの宣撫司、耿馬・蛮莫などの安撫司、茶山・孟連などの長官司が主であった。それは翻ってみれば、上記のボーダーライン以北は比較的漢人移民が多く流入しており、以南は当時まだ漢人勢力が及ばない地域であったことがわかるだろう。それはなぜか。いくつかの理由が考えられるが、その中で最大の理由は、タイ系諸族が居住する地域は、標高が低く亜熱帯地域で、河川流域が多かったので蒸し暑く、かつては「瘴癘《しょうれい》」の地として恐れられていたからである。すなわち、マラリアなどによる被害を恐れた漢人たちが本格的に移住できなかったのである。特に、雨季ともなれば、漢人商人さえも恐れをなして退去したといわれ、その状況は民国期まで続いた。

山岳地帯や辺境に居住する非漢民族の社会では、規模の異なる土司の権力構造が重層的に（大小に）つくられていた。土司は世襲ではあるが、官職の任命や昇格あるいは格下げ、そして取り潰しなどは王朝が最終的に決定することになっていた。そのため、土司たちは定期的に朝貢をおこなった。最初は一年に一度、その後は三年に一度朝貢し、貢物としては象、馬、金、銀、犀角《さいかく》、琥珀《こはく》、珍しい珠《たま》、玉石《ぎょくせき》、金銀器皿、そして地方の特産物など様々であったが、その見返りに王朝から貴重な賜《たまわり》物の数々を得ることができた。時に中央から納税や派兵なども強いられた。しかしながら、土司は自らの領域では〝皇帝（土皇帝）〟のように絶対的権力を有したのである。

各土司は、自らの民族語による名前を持ちながらも、王朝から決められた漢人同様の（漢字一字の）「姓」をそれぞれ授けられた。なかには、それまでこれといった姓名をもたない民族では、漢人風の姓をもつきっかけともなった。例えば、イ族系土司の主な姓は、安・羅・李・禄・普・者・沙など、ナシ族土司は木、阿など、タイ族系土司は刀、思、召、罕などである。これら土司の統治下にあって、自らの民族文字をつくり出して保護し、それぞれの民族形成ならびに土司家の出自を正当化する神話や歴史、宗教儀礼などを書き綴った（あるいは描いた）文書・経典や遺跡・遺物などを少なからず残している。

このような土司の家系を維持するためにも、主に民族内での土司間の婚姻ネットワークの形成もみられた。また、王朝の強力な支配に対抗して、異なる民族の土司間の協力関係も見逃せない。その意味からも、明代初めに明朝に対して行動を起こした芒部《ぼうぶ》（鎮雄《ちんゆう》）、東川などのイ族土司と麓川タイ族土司の連携関係（ネットワーク）は非常に注目されよう。

では、民族の異なる土司の社会はいかなる状況であったのだろうか。いくつか事例をあげてみよう。

まず、当時主に羅羅《ロロ》族と他称された雲南東北部から貴州西北さらには四川の涼山地域まで勢力を誇っていたのがイ族系土司である。彼らはノス（黒い人の意）と自称する黒羅羅（黒イ）集団で支配者層を形成していた。かつての烏蛮の末裔でもある。黒イの男性は、日本でいえば武士階層の人々に例えられよう。主には生産に携わらず、被支配民である白羅羅（白イ）に生産活動を担わせ、自らは主に戦闘を指揮し行った。したがって、中央（明朝、清朝）に対し、同一祖の神話を紐《ちゅう》帯《たい》とした血縁的親族集団または地縁的集団が相互に強固な連帯で結ばれていた土司家同士で連繋し、絶えず強い反抗を繰り返した。彼らは主に山地に居住し、ムギ・ソバ・トウモロコシ・豆などを栽培し、一部牧畜も行った。アニミズム的宗教を基本に、死後の魂が始祖（系譜的に）あるいは始祖（祖先）の地に戻る「開路」の儀礼は重要である。

次に、主に麗江地域に居住するナシ族社会では、主に明代より、木の姓を授かった領主が代々土司に任じられ治めており、同社会では絶対的権力者として「木天主」などとも呼ばれていた。一般の民は和を名乗る者が多く、「和」という字は、「木」の字に帽子を被せ背に荷を担いでいる字、すなわち一般の民＝働き手のことだと解釈する説もある。チベットの影響もあって、仏教（密教系）を信じ、漢族の文化を大いに取り入れたことによって、漢語や漢文化を理解する者が少なくなかったようである。このように漢文化に強い影響を受けたナシ族社会ではあるが、民族独自の象形文字であるトンパ文字をつくり出し、多くの神話や宗教儀礼に関する経典を後世に残した。

主に雲南西南地域に古くから居住してきた水稲耕作民といえば、タイ族であろう。タイ族は代々領主の支配下で、主に河川流域で地縁を中心とした村組織を形成し、共同で灌漑施設などを築き上げてきた。どちらかといえば氏族組織は弱く、平民は姓をもたなかった。それは土司に任じられた領主たちも同様で、土司になってから漢人の姓を持つようになったことは既述した通りである。これら土司である領主は、自らの支配領域においては王として君臨し、官僚集団によって王国としての政治支配組織をつくり出し、早くから仏教（上座仏教）をとり入れた。

このようにそれぞれの土司は、それぞれ民族社会での権力構造を基盤として成り立っていたが、その一方で中央から土司職という権威を与えられることによって、自らの民族社会で権力を強化していった面も見逃すことはできないだろう。時に土司職の跡目をめぐる争いも激しいものがあった。ちなみに元、明、清での中国全土の土司・土官の総数は二五六九あり、そのうち雲南は五八七で第二位の数があり、第一位は四川の六一二、第三位は貴州の四一二、そして第四位は広西の三一四であった。これら四省を合計すれば、一九二五となり、なんと全体の七五パーセントを占めている。いかに中国西南部に土司制度が深く根づいていたかを物語るであろう。

しかしながら時代が下ることで、このような状況にあった非漢民族地域にも徐々にではあるが、各地の土司が廃され、漢人地区の行政組織である直接統治のシステムに組み込まれていく歴史を辿ることになるのである。その一方で、土司制度そのものが形骸化していったとはいえ、民国時代まで存続する土司・土官も少なくなかった。土司という中央と辺境との政治権力のいわば〝妥協の産物〟は意外にも雲南の辺境で根強く生き続けたのである。

流入する漢人移民

明代に入ってから、漢人（漢族）の移民が大量に雲南に流入した。それまでは先住者である「非漢民族」（現在でいう少数民族）の人口の方が多かったが、明代を境に漢人の大規模な屯田開発などによって、漢人は非漢民族の人口を上まわり、増加の一途を辿るのである。それに伴い、各地（主に壩子）で漢人による滇池などの水利灌漑の整備、村や城市（街）などの建設、商工業の発達、さらには鉱山開発などが進められていった。

屯田の初期は、主に軍屯《ぐんとん》によるものであった。上述したように、洪武《こうぶ》期に元朝勢力を一掃するために派遣された三〇万の軍は、非漢民族の反乱などで長期にわたり雲南に滞在することを余儀なくされたため、兵士たちの食糧をいかに確保するかは深刻な問題であった。基本的に兵士たちは自給自足の生活を強いられたために、屯田《とんでん》をするしか方法はなかったと考えられる。これら三〇万の兵士のうち、沐英とともに雲南に留まった数は六万人にも及んだ。また、三度にも及んだ麓川土司の鎮圧のために、南京・湖広・四川・貴州などから駆り出された漢人兵士は延べ三五万人にも達した。

明政府は軍屯を進める拠点として、各地に衛所を設けた。洪武期の一六の地方から、万暦期になるとその倍の四〇の地方まで拡大され、これら衛所は主な壩子を中心に展開されていった。このことは、壩子の先住者であった非漢民族（少数民族）の多くを周囲の山岳地帯に追い払う結果ともなったであろう。当然壩子に留まった非漢民族も少なからずいたが、その場合漢人ならびに漢文化の強い影響から逃れることは困難なことであったに違いない。

明（一三六八年〜）の初期では漢人の戸数はおよそ六万戸があったとされているが、万暦（一五七三年〜）の初めにはその倍以上に増加したとみられる。そのうちの七割近くが軍戸（軍屯）によるものであった。明末の屯田による雲南漢人軍民の総数は百万人を下らず、一説には三百万人と推計する見方もある。それでも上述したように、漢人の居住範囲は明代では現在の保山《ほざん》・鳳慶《ほうけい》・雲県《うんけん》以西、元江から建水《けんすい》以南の非漢民族世界（主に平地はタイ族、山地は南アジア語系など）にはまだ深く及んでいなかった。

その後、清代に入るとますます漢人の流入は増え続け、当時の省総人口のおよそ七割強を占めるに至ったという。漢人の居住範囲は辺域にも向かって広がり、当然タイ族居住地域にも徐々にではあるが、漢族移民の拡大をみることとなる。雲南における屯田には、このような軍屯（軍民）の果たした役割は絶大であったが、その他には民間人を募る「民屯《みんとん》」や主に塩の売買などを商人に任せる「商屯《しょうとん》」などがあった。当時、屯田した総面積は全省の総耕地面積のおよそ半分にも達したといわれる。

漢人移民の増加に伴い、ますます鉱山業は発展し、銀、銅の産出量は国内第一となり、産出する白銀は国内の半数を占める勢いであった。明英宗の時（一四三六～一四四九年）、雲南年産の白銀は一五〇万両にも達していたとみられる。明の初めは、国（役人）が主導する鉱業が主要であったが、明の中期になると、民間による鉱業が発達していった。

この時期、大量の漢人移民が流入していた雲南の歴史を知る上でも重要な資料（史料）の一つに、今なお民間で語り継がれることの多い南京からの移住伝承がある。南京は洪武帝の時代の国都であった。雲南に流入した漢人の出身地に関しては、圧倒的に南京それも柳樹湾高石坎《りゅうじゅわんこうせきかん》の地方から来たという言い伝えや伝承が多いという。南京以外のその他の地域としては、湖広、四川、貴州などである。

それは単に漢族の間で伝わる話に留まらず、非漢民族の人々なかでもより漢人の影響を強く受けた人々の間でも伝承されている点は注目されよう。主に洱海周辺の壩子で移民漢人と住み分けながら生活してきた非漢民族のペー族は、かつて「民家《ミンチャ》」と呼ばれてきた。歴史的には、これら民族集団はかつての白蛮の主体を形成してきた、どちらかといえば土着の人々である。しかしながら、彼らの祖先は明代に南京方面から移住してきた漢人の子孫であり、なかでも永楽帝に帝位を奪われた建文帝とその従者の子孫であるという伝承を信じてきたという。漢文化を積極的に取り入れてきた人々なので、その祖系伝承も漢人と同一化（アイデンティティ）することは時代的にはある程度考えられることなのであろう。しかしながらその一方で、洱海周辺のペー族は村ごとに、自らの民族の祖先たちや現地の歴史に根ざした伝承を保持した「本主《ペンチュー》」つまり村の産土神《うぶすながみ》のようなものをご神体にして、廟（本主廟）を建てて祭っている。ペー族の伝説の多くは、この本主にまつわるものである。

本主の祭りである「本主節」は盛大に行われ、この他にも「火把祭《たいまつまつり》」、「三月節《サンユエジイエ》」など有名な行事がある。なお、同じペー族でも山岳地帯に居住する人々もおり、その生活と文化の様相は異なる。

明代の学者、文人たち

明代の初めに、日本人僧が大陸に渡り、雲南の寺院などで修行生活をしていたことは意外に知られていないだろう。沐昂《ぼくこう》編纂による『滄海《そうかい》遺珠《いじゅ》』という詩集や、景泰時代の『雲南図経《ずきょう》』という文献などに機先、天祥、斗南、演此宗、大用などの僧侶の名がみえる。これらの僧が日本人であったことは、万暦『雲南通志』「大理府古跡」の項に斗南、演此宗を含む僧が日本人であり、そのうちの僧侶四人を祀った日本四僧塔が大理、洱海を望む点蒼山の麓にあることが記載されていることからもわかるのである。また、これら僧侶が残した漢詩からも遠く異郷の地にあって、日本への望郷の念が強く感じられる。

さて、明代に雲南で活躍した学者や文人は少なくなかった。それは雲南特有の地域性に基づいた学術研究や著作の数々から知られる。豊富な薬草（漢方薬）、独得な地理（地質）、様々な民族の風習や文化などに、才能豊かな学者や文人たちが関心を示さないわけがなかった。なかでも、蘭茂《らんも》は現代でいうマルチな才能を有した人物であった。雲南の嵩明県の出身で、ほぼ鄭和と同時代に活躍した。彼は雲南の山々や草木などを熟知し、李時珍がまとめた『本草綱目《ほんぞうこうもく》』の百年も前に、『滇南本草』を著している。同書はおよそ一〇万字で著され、五四〇種の薬草、そのうち半数以上が雲南でしか採集できない薬草が記載された大著である。彼の才能は医学分野に止まらず、軍事のための地政指南や言語研究、詩作、劇作などの分野でも数多くの著作を残している。また、明末の著名な地理学者でもある徐霞客《じょかきゃく》は一六三八年から一六四〇年のおよそ三年間にわたって雲南各地の地勢や地質などの視察調査のため苦難に満ちた大旅遊を行い、後に『徐霞客遊記』として『滇遊日記』一三巻を著している。これらの書籍ならびに研究は、雲南に止まらずにその後の学術研究に大いに貢献したことは言うまでもなかろう。

文人では楊慎《ようしん》を筆頭に多士済々の人材がいた。楊慎は後に楊升庵《ようしょうあん》の名で知られ、出身は四川新都である。不慮の出来事に遭い、地方官吏として雲南の永昌に赴任した。彼は雲南に久しく（三〇年以上）生活をするうちに、その自然や人々なかでも非漢民族の風俗や文化などに慣れ親しんでいったと考えられる。各地を旅遊して、民情に触れたことで、当時の雲南の風物や人情などが、彼の詠んだ詩の多くに色濃く刻まれている。一千首以上に及ぶ詩や多くの雑文は『升庵全集』などに収められている。楊慎はまた、雲南の歴史や地理、それまでの地理志・史書（史料）などに強い関心をもち、『滇載記』、『滇程記』、『雲南山川志』など多くの貴重な著作を残している。

このような彼を師として仰いだ文人も多く、なかでも楊士雲、李元陽、張含、王廷表、胡廷禄、唐錡《とうき》は「楊門六学士」と称されている。また、呉懋《ごぼう》を加えて「楊門七士」とも言われる。

楊士雲と李元陽は漢人ではなく、大理で客家と呼ばれた白人（現在のペー族）出身であった。楊慎はこのような非漢民族出身の才人たちとも友誼を育み、彼らの故郷である大理で星回節（現在の火把節・松明祭り）を一緒に楽しんだともいう。楊士雲と李元陽は、いずれも進士（科挙）に合格し官職を得たエリートたちではあったが、故郷の大理周辺の風物や言語などに関する詩や論考を数多く残している。上記の八名の他にも、主に詩の分野でその名を轟かせた人物がいた。楊一清である。雲南の安寧出身の彼は、一五歳にしてすでに進士に合格した才人である。彼が纏めた『石淙詩鈔《せきそうししょう》』の石淙は故郷安寧のことを指し、水が石の間を淙淙《そうそう》という声（音）で流れて行く様を表現しているという。水を時に置きかえれば、これも望郷の念だろうか。

三藩の乱と清の「改土帰流」政策

一六四四年（明崇禎一七年）、農民反乱のリーダーとなった李自成《りじせい》が北京を攻略すると、明朝は滅亡したが、その残存勢力は南明朝を興した。当時、難攻不落といわれた山海関《さんかいかん》で清の侵攻にそなえていた明の武将呉三桂《ごさんけい》は、清軍に寝返ってその進入を許したことで、清軍は山海関を通過して李自成の軍隊を破り、北京に入城した。九月に順治帝を迎えて、盛大な皇帝即位式を行った。一六四五年五月、清は南京にあった南明朝の勢力を攻め落とし、六月には西安に拠っていた李自成軍を壊滅させた。

それでも、南明朝勢力の一部として、孫可望、李定国、劉文秀ら率いる大西軍は貴州から雲南へ逃れ、〝抗清扶明〟のスローガンのもと、李定国などは桂王（永暦帝）を擁立して清朝に抵抗するが、一六五八年（清順治一五年）清軍は雲南に進攻し、一六六〇年には清軍を率いる呉三桂に雲南は平定された。一六六二年（康熙元年）正月、ミャンマー（ビルマ）に桂王（永暦帝）を擁して逃げていた沐氏末代の沐天波は殺され、同時に清軍に引き渡された桂王は四月、昆明で呉三桂により絞殺された。李定国もミャンマーにて没した。ここに、完全に明朝は滅ぶが、各王朝の末代皇帝ならびにその親族は何故か最後に雲南に逃げ、あるいは留まってその末路を迎える者が少なくない。これも雲南の歴史の一ページとでも言えようか。

雲南に大軍を率いてきた呉三桂はそのまま居座り、反清の態度をとり続け、一六七三年（康熙一二年）、広東の尚可喜、福建の耿継茂《こうけいも》（のち子の精忠）とともに清朝に反旗を翻した。いわゆる三藩の乱がはじまるが、七八年に呉三桂が皇帝の即位式を挙げた（三月）首都衡州にて死ぬ（八月）と、形勢は変わり、その三年後には雲南は平定された。

三藩の乱が平定されると、雲南ではますます直接統治が強化されていった。なかでも、非漢民族の土司・土官が廃され、より直接統治されるようになった。これを「改土帰流《かいどきりゅう》」という。「土」すなわち土司・土官を改め（廃し）、「流」すなわち中央から直接派遣される官僚を帰す、つまり行政組織に組み込むことを行った。

清朝は、鄂壐泰《がくじたい》を雲南総督に任じて、「改土帰流」を強力に推し進めた。主に康熙の初頭から始まり、雍正四年から九年（一七二六年～一七三一年）にかけて最高潮に達した。特に、雍正五年から七年にかけて、鄂壐泰は雲南西南部、雲南東北部でその政策の実行にあたったが、なかでも本来強力な権力構造を形勢して来たイ族系土司たちの抵抗はかなり強いものがあった。一七二七年、土司を長とした烏蒙山イ族（黒イ）は、強力な清軍の攻撃に破れ、北方の大涼山に逃げ込んだ。大涼山に立てこもったイ族は、一八六六年と一九〇五年の清軍の攻撃を撃退し、その後、「独立ロロ地域」を形成していった。

当初「改土帰流」は主に永昌―元江ライン以東の地域を対象に行われた感が強く、剣川、鶴慶《かくけい》、阿迷、蒙自、麗江、東川、烏撒、鎮雄、烏蒙などの土官（土司）が次々に廃されていった。「改土帰流」がある程度行われた後、雲南に残った土司（土官）はわずか二三であったが、これら土司は必ずしも勢力が強いとは言えず、むしろその組織は形骸化しているものもあったという。

鉱山開発の発展と民族間対立

直接統治が進むなかで、経済の発展も著しかったが、なかでも鉱山業、特に銅鉱と銀鉱、そして錫鉱の開発は目覚ましいものがあった。それは、これまでは官営の鉱業が主流であったが、一六八二年（康熙二一年）からは私設すなわち民間で採掘することを奨励する政策が実行されたからである。

一七四三年（乾隆八年）から一八〇二年（嘉慶七年）のほぼ六〇年間に、銅の平均産出量は、最高に達し、国内で第一を占めた。

働く鉱夫が数万人を超える鉱山もみられるようになり、雲南にあつまる雑多な（良いも悪いも様々な）漢人も増加していった。当然のように、各地の鉱山で開発が進んだ。たとえば、東川、易門、路南、永北（現在の永勝）の銅や銀の鉱山、また白羊（現在の賓川）、永盛（現在の雲龍）、茂隆（現在の滄源）などの銀山、そして個旧の錫の鉱山や、羅平、建水の鉛の鉱山など、各地の鉱産開発が繰り広げられた。

このような鉱山開発の発展は、鉱治業はもとより農業や商業の発達も促し、各地で都市の建設のきっかけともなった。しかしながら、鉱山開発の発展に伴い、その利権などをめぐる人々や集団などの対立の芽が各地域ですでに生じていた。なかでも、商業や工業の一部などに長じていた回民（現在の回族）と自らの商業ネットワークを背景に雲南に流入した漢人（特に商人層）が経済的対立をするのは時間の問題であった。さらに問題を複雑にしたのは、当時清朝の統治者層である満洲族（現在の満族）は、歴史的かつ宗教的などの理由によって、どちらかといえば回民たちを特別視する傾向があり、回民たちの経済力を少し警戒していたのではないかという側面がみられたということである。そのため、清朝が漢人たちを支持し、回民の力を押さえつけようとした。単純にこのことが原因で、後の清末に民族蜂起が起こるわけではないが、ただしその重要な導火線の一つになっていたことは否定できないだろう。

清末の民族蜂起

一八四二年（アヘン戦争後）、雲南も中国各地と同様に半植民地化の危機に晒されていた。欧米列強の植民地化を招いた清朝の圧制に苦しむ貧しい人々が、各地で蜂起した。なかでも、一八五一年に起こった太平天国の乱は、雲南諸民族の間にも連鎖した。

一八四五年に永昌に住む杜文秀《とぶんしゅう》（回族）は同胞が地主に殺害された事件で北京の清政府に控訴するが、一向に善処されるどころか、回民の鉱権（鉱山を掘る権利）を奪う漢人を支持するなど回民を弾圧する清政府の無能な姿勢に、一八五六年九月、蒙化（現在の巍山）で他の民族とともに反清起義（反乱）を起こした。一般に杜文秀の反乱と呼ばれている。ほぼ一六年間、大理地方を中心に独立を維持したが、太平天国の終焉や内部分裂などの原因で一八七二年に清軍に包囲され、杜文秀は服毒自殺を遂げた。

その後、清朝は回民を大虐殺し、それから逃れようとする回民は辺境や国境外をめざし、また別の民族衣装を纏って身元を隠したり（タイ回、ミャオ回、ペー回などと呼ばれた）さえしたといわれている。

民族蜂起は、杜文秀を中心とした回族などの少数民族の反乱だけには止まらず、雲南各地の少数民族で怒りの炎が燃え上がった。

大理洱海近くの村にある杜文秀の墓
（2001 年撮影）

杜文秀と時を同じくして、一八五六年五月に、イ族の貧農、李文学が五千人の農民たちと哀牢山区の彌渡県で清朝への反乱の烽火をあげた。この反乱を起こした人々は、イ族をはじめハニ族、タイ族、ミャオ族、回族などの少数民族の他に、漢族も加わっていたという。このことからも民族を超えた人々の団結した悲痛な叫び声が聞こえてくる。すでに新平県を中心に清朝に反旗を翻していたハニ族の田四浪（または田以政）らと五八年八月に会盟を行って、互いに助け合う関係をつくりあげていた。十数年に及ぶ独立を維持したが、まず一八六九年に田四浪の反乱は鎮圧され、李文学も一八七二年に杜文秀への援軍として駆けつける途中で、清軍に捕まり、七四年五月に処刑された。ここに一連の大きな民族蜂起が清軍に鎮圧されてしまったが、異なる民族同士が連帯して圧制に立ち向かう精神はその後も各地で引き継がれていったのである。

民国時代の情勢

イギリス、フランスによって進められていたミャンマー（ビルマ）、インドシナの植民地化の影響は、その後、徐々にではあるが直接的に、雲南に暗い影を落としていった。

このような国際情勢のなかで、一八七五年に「マーガリー事件」が起こる。ミャンマーから雲南への経済的進出を意図したイギリス政府は、一八六八年第一回の探検隊を雲南に派遣し、一八七四年には、ブラウン大佐を隊長とする第二回探検隊を派遣した。領事館員（通訳も兼ねて）であったマーガリーは上海から中国内地を通って、七五年一月、雲南・ミャンマー（ビルマ）国境のバモーで探検隊に合流し、翌月、先導として騰越に向かう途中の蛮允《マンコン》で原住民に殺害された。イギリスはこの事件を口実に清国政府に圧力を加え、一八七六年九月に芝罘《ジーフー》協定を締結し、ミャンマー・雲南間の国境貿易を認めさせたほか、両国官吏間の交際条件の改善、宜昌、蕪湖、温州、北海の開港など多くの利権を獲得した。

一方、清仏戦争に勝ったフランスは、天津《テンシン》条約を清朝政府と結んだ後、一連の取り決めで自ら有利に通商の権利ならびに鉄道敷設権などを要求した。雲南に関していえば、開かれた市場として蒙自や思茅《しぼう》を開港させ、ベトナムの老開《ラオカイ》から雲南の省都昆明まで鉄道（滇越《てんえつ》鉄道、一九一〇年開通）の建設を認めさせた。イギリスも対抗して、国境の境界をめぐる問題や騰越（現在の騰衝）の開港などを認めさせようと弱体の清朝に迫った。結局は実現しなかったものの、イギリスは雲南に鉄道を通してインド・ミャンマー（ビルマ）・中国（長江）を経済的に連結しようと試みていた。この時期、雲南の国境地帯ではイギリスやフランスの侵略行為に対し、現地の諸民族との紛争が続出した。たとえば、雲南とミャンマー境界地域の片馬《ピェンマー》地区や班洪《バンホン》地区などの領有をめぐって、イギリスと中国の間で紛争が起こり、現地の少数民族などが強い抵抗を示した。

このような危機的状況にあった雲南（中国）では、いち早く諸外国の政治、経済そして軍事などを学んで、故郷である雲南そして祖国中国を救おうとする機運が高まった。そこで当時、多くの雲南人たとえば楊振鴻《ようしんこう》、李根源《りこんげん》、羅佩金《らはいきん》、唐継尭《とうけいぎょう》、呂志伊《りょしい》などが日本に留学したのである。彼らの多くは、東京振武学校や陸軍士官学校などに進学し、軍事を学んだ。一九〇五年八月に東京で孫文を中心に中国同盟会が結成され、翌年には雲南支部も正式につくられた。支部長には呂志伊が選ばれた。また『雲南』雑誌も日本で創刊された。同雑誌に掲載されたそれぞれの文章には、雲南がイギリスやフランスに占領されてしまうのではないかという強い危機感が表れており、無責任な清政府への痛烈な批判とともに、雲南人（ともに中国人）としてのナショナリズムの高揚を強烈に感じ取ることができよう。

一九〇九年、昆明に雲南陸軍講武堂が開設されると、日本に留学してきた李根源などを監督に迎え、後に朱徳《しゅとく》、葉剣英《ようけんえい》、龍雲《りゅううん》などの人物を輩出した。また、同年の四月に、ベトナム国境に位置する河口で反政府軍の蜂起軍が占拠を続けたが、清政府に鎮圧された。一一月には、騰越に入った楊振鴻が永昌（保山）で蜂起を企てたが、失敗に終わった。

一九一一年一〇月一〇日に、武昌で武装蜂起が起こる（いわゆる辛亥革命）と、雲南では一〇月三〇日に、革命党員から指導者として支持された蔡鍔《さいがく》（ただし、雲南人から選ぶべきとの対立意見もみられたが）を筆頭に武装蜂起が起きた。当日が旧暦の九月九日であったため「重九起義」とも呼ばれた。その後、昆明の雲南軍都督府を中心に雲南各地を鎮圧し、統一すると、雲南では清朝の長い支配の歴史に終止符が打たれた。

一九一五年、袁世凱《えんせいがい》が帝制復活に向けて動き出した。袁世凱は自らを洪憲皇帝と称して即位した。このような動きに対して、雲南を中心に反対の運動が起こった。袁の帝制復活に反対する活動は密かに進められたが、それまで立場を明らかにしていなかった唐継尭は梁啓超《りょうけいちょう》や蔡鍔などに「討袁」の決意を迫られ、最終的に同意した。蔡鍔と唐継尭らは、全国に雲南の独立、袁世凱の帝制反対と討伐を打電し、宣言した。これを「護国運動」という。双方の軍が各地で激戦を繰り広げたが、最終的には雲南軍が優位にたち、孤立した袁世凱は失意のうちに病死した。国内は一時的に平穏に戻った。

その後、雲南を支配したのが唐継尭である。唐は積極的に対外拡張の軍事行動を起こし、一時は四川、貴州などを勢力下におさめ「西南王」とまで称された。しかし、一九二〇年に戦争に敗れ雲南に戻ってくると、部下の顧品珍《こひんちん》に反乱を起こされ、香港に亡命する。しかし、唐は二二年に体制を整えて、顧の軍を破り、雲南の主役に返り咲くのである。

一九二七年、二月六日、唐継尭の政策などに不満を抱いた部下の劉雲《りゅううん》、胡若愚《こじゃくぐ》、李廷選《りていせん》らによって唐は追放されてしまい、一四年に及ぶ雲南統治の歴史が幕を閉じてしまう。その後、劉雲（イ族の出身）が実権を握ると、同じ民族出身の者たちを密かにエリートとして育て、自分のブレーンにしていたといわれている。

二八年一月、蒋介石は劉雲を正式に雲南省政府主席に任命した。劉雲はそれまで疲弊しきった軍隊や財政・金融、そして教育などを改めるべく、様々な政策を行っていった。劉雲は蒋介石を支持していたが、その関係はある程度距離を持っていたという方が正しいかもしれない。実質、雲南省の全権は劉雲に掌握されており、彼は自らの民族であるイ族のエリートのみならずペー族や漢族などの有能な人材を積極的に登用したという。そのような点も、安定した長期政権を維持できた所以なのであろうか。

劉雲は、まず軍隊の整理と再編に着手しようとしたが、盧漢《ろかん》（イ族出身）をはじめ四人の部下（師長）がこれに反発して、一九三一年三月一〇日に政変を起こしたが、蒋介石や雲南軍の将校の多くの支持を得て、その危機を未然に防いだ。その後、盧漢たちは劉雲に謝罪したが、これを契機に劉雲は完全に軍を掌握した。次に、破産寸前にあった省の財政の建て直しにとりかかった。盧漢を財政庁長に兼務させて、税収面の改善を中心に、アヘン関連の禁煙罰金の強化や金融改革などを強行して財政を徐々に安定させていった。また、鉱工業をはじめとした工業化を推進させるために、高等教育の普及に努め、なかでも少数民族の教育に力を注いだ。

蒋介石の国民政府と微妙な関係を保ち続けた劉雲にとって、重大な事件が一九三五年に起こった。それは紅軍《こうぐん》の長征《ちょうせい》である。三五年初めに貴州省から雲南省を進行した紅軍の追撃を命じる蒋介石に対して、劉雲は蒋の別の目的、すなわち紅軍の長征を口実に中央軍による支配の拡大を感じ取っていた。したがって、紅軍との戦闘は蒋介石に利することになるために是が非でも避けたかったのである。結局、何事もなく、紅軍が通過したので、蒋介石の雲南支配の危機から逃れることができた。しかし、翌年も紅軍の進行があり、今度は前の時より長く、通過した地域も多かったが、どうにか蒋介石の軍隊を雲南に入れることは避けられたのである。

なお、一九三五年五月一〇日から一〇日程、蒋介石は雲南を訪問し、劉雲と中国西南地域をいかに国防の根拠地とするかについて話し合っている。

一方、紅軍の遠征は雲南各地、とりわけ貧しい少数民族地区の現実を知る結果となった。また同年の一一月に共産党の雲南臨時工作委員会が再建され、活動していくことも見逃せない点であろう。この長征は、それまで長く保持されてきた漢族（特に雲南以外の地域で）の少数民族に対する偏見や差別感情を打ち砕くきっかけになった。

共産党の幹部たちが実際に少数民族の様々な現実を直視したことで、その後の中華人民共和国における多民族国家観が定着し、民族問題を重要視する政策も掲げられるようになっていったとも考えられる。しかしながら、その民族政策も時代とともに、その後、紆余曲折の道を歩むことになるのである。

清末民国期の交易と輸送——馬幇の活躍

雲南の経済はどのような状況にあったのであろうか。ミャンマー（ビルマ）ならびにインドシナに対するイギリス、フランスの植民地化は雲南に多大な影響をおよぼしていた。彼らが要求した海関《ハイグアン》（税関）の開場によって洋貨すなわちイギリスあるいはフランスの安価な商品（主にインドなどでつくった綿製品など）が大量に流入する一方で、逆に雲南の鉱山資源なかでも個旧の錫などが蒙自海関を通じて滇越鉄道などで大量に国外に流出していった。これは当時ヨーロッパでの戦争

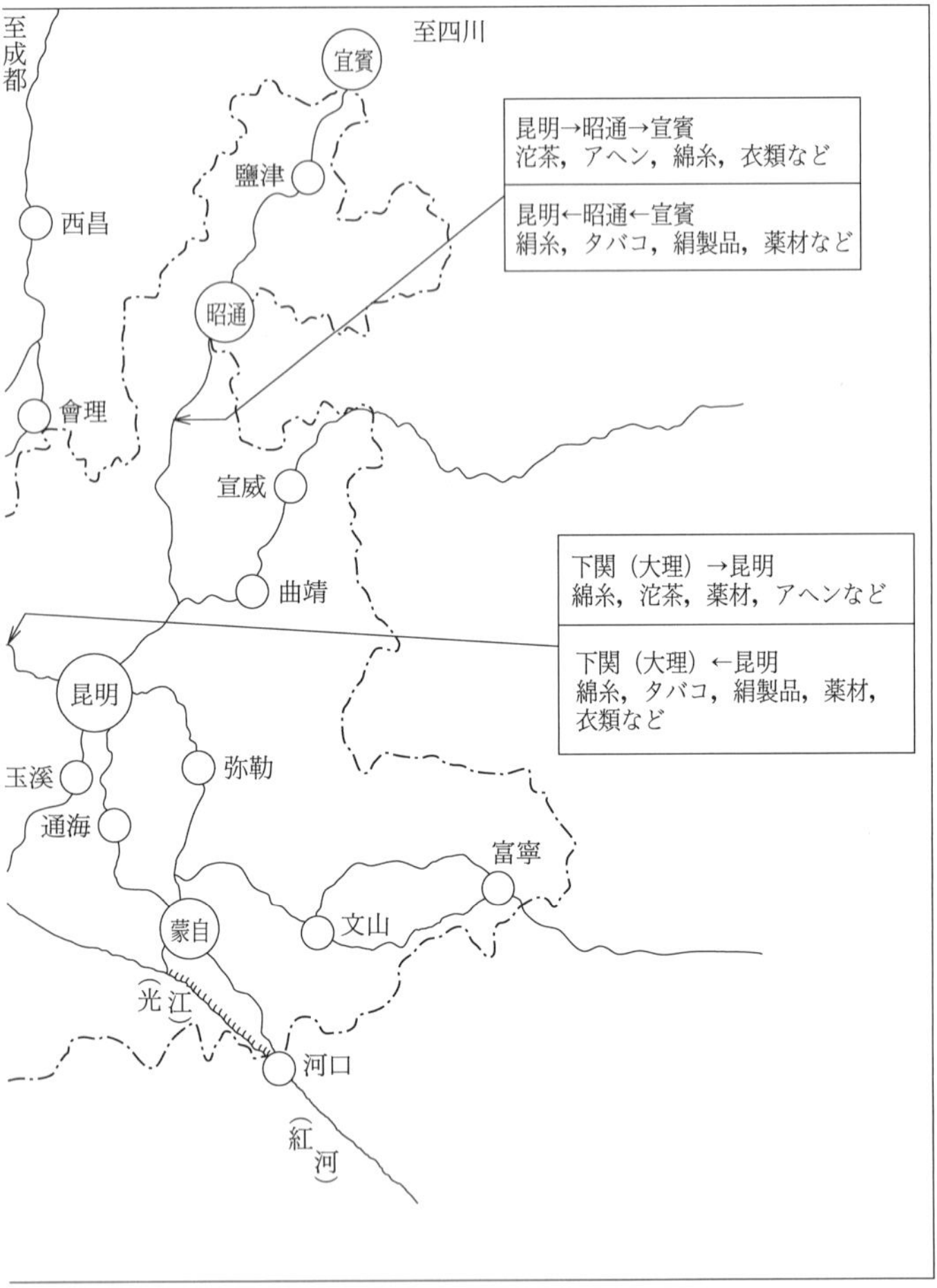

馬幇交易ルートと交易物資】

＊沱茶　トーチャ。碗のような形にした，雲南茶の一種。

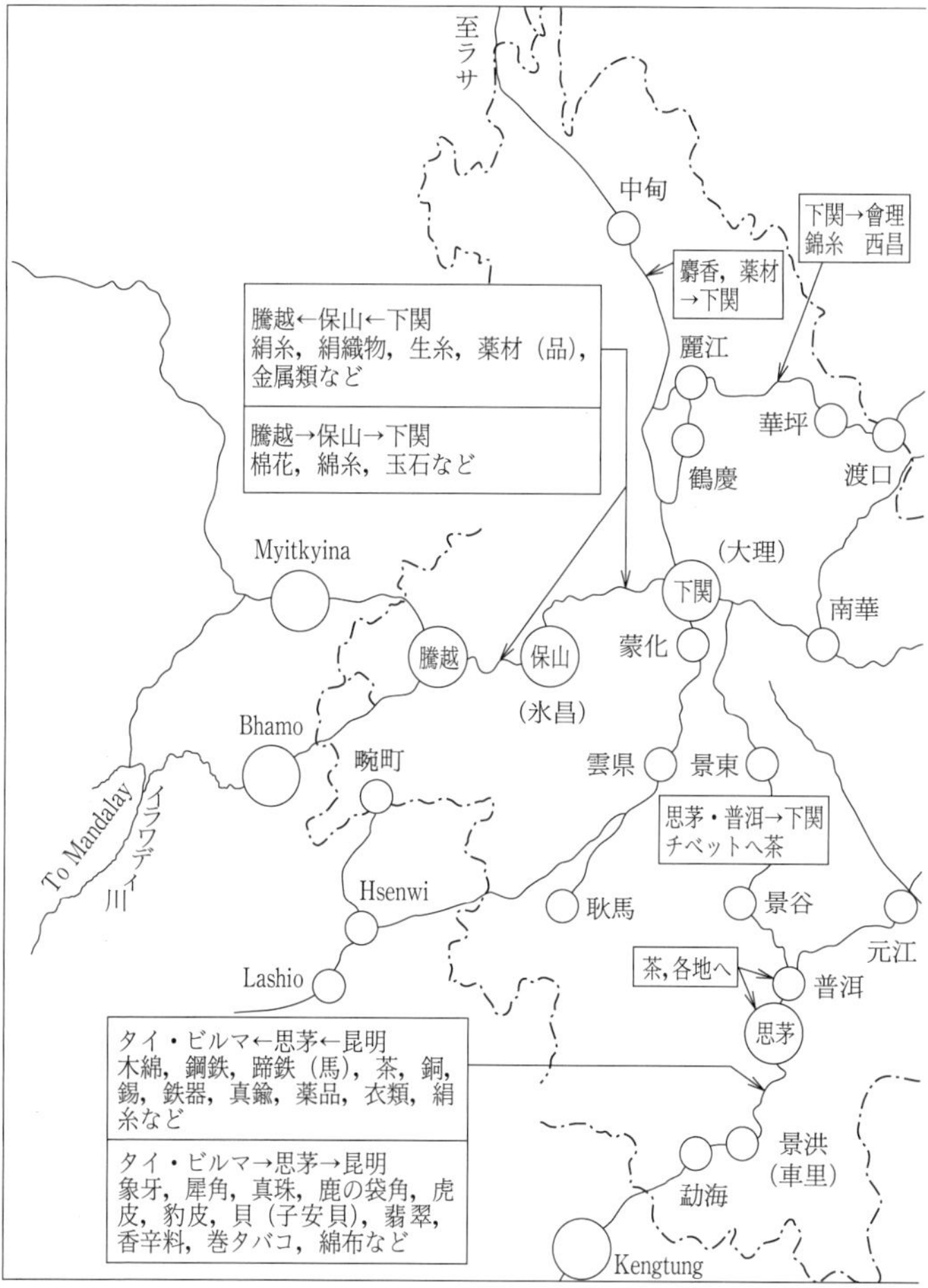
至ラサ
中甸
麝香，薬材
→下関
下関→會理
錦糸　西昌
騰越←保山←下関
絹糸，絹織物，生糸，薬材（品），
金属類など
騰越→保山→下関
棉花，綿糸，玉石など
麗江
華坪
渡口
鶴慶
（大理）
下関
南華
Myitkyina
騰越
保山
蒙化
（永昌）
Bhamo
畹町
雲県
景東
To Mandalay
イラワディ川
思茅・普洱→下関
チベットへ茶
Hsenwi
耿馬
景谷
元江
Lashio
茶,各地へ
普洱
思茅
タイ・ビルマ←思茅←昆明
木綿，鋼鉄，蹄鉄（馬），茶，銅，
錫，鉄器，真鍮，薬品，衣類，絹
糸など
タイ・ビルマ→思茅→昆明
象牙，犀角，真珠，鹿の袋角，虎
皮，豹皮，貝（子安貝），翡翠，
香辛料，巻タバコ，綿布など
景洪
（車里）
勐海
Kengtung

【清末・民国初における雲南の

（第一次世界大戦）によって大量の錫を必要としていたからである。

このような国際経済に巻き込まれる雲南にあって、むしろ雲南での交易圏と輸送網は皮肉にも発展を続けたが、それを支えたのが現地で「馬幇《マバン》」と呼び習わされてきた輸送交易集団であった。馬幇は、各地域で民族集団ごとに組織されることが多く、漢族や回族を中心にペー族やチベット族そしてイ族などの馬幇が活躍した。

馬幇の輸送ネットワークは、基本的にリレー方式を採っており、それぞれが受け持つエリアがあった。一種の〝縄張り〟である。ただし、清末などに清朝に弾圧された回族は、元々の商人の血が騒ぐこともあってか、危険なジャングルをも恐れずに、東南アジアやインド方面での遠距離交易に従事する者が少なくなかった。また、雲南の茶を渇望する北方の牧畜系民族集団、なかでもチベット族の同胞に対して、チベット族の馬幇は、かつて（現在も）の茶の集散地であった普洱（だから普洱《プーアル》茶と呼ばれている）から大理まで別の馬幇で運ばれてきた茶を買い付け、麗江、維西《いさい》、中甸《ちゅうてん》などを経由してラサまで輸送するのである。この時、北から連れて来た馬と茶を交易することもあって、いわゆる茶馬交易のルートとしても知られている。

雲南における交易圏は、いくつかの地域間交易の連鎖によって成り立っていた。各都市がある壩子と壩子を結ぶ線上に展開された。ビルマルート、紅河ルート、四川ルートは早くから開かれ、その後、チベットルート、ケントゥンルート、博馬道などが開拓されたが、清末から民国期にかけて発展する下関《シィアグァン》（洱海の辺、大理の南）という都市はこれらルートの交通の要衝にあり、いくつかの交易圏の重なる地点にあったことが商業都市の発展をみた最大の要因であったと考えられる。当時、これら地域的交易圏は、雲南に海関が開場されると、国際市場に直結されるように再編成されていったのである。

抗日戦争と「援蒋ルート」

一九三七年、七月七日に起こった蘆溝橋《ろこうきょう》事件の後、国民党と共産党は一時協力関係を結び（国共合作）、抗日戦争に突入した。すでに一九二九年に、蒋介石から雲南省政府主席を任命されていた龍雲は、三七年八月に南京で開かれた「国防会議」に出席し、徹底抗戦を表明した。蒋介石との会談で、雲南軍二個軍のうち一個軍隊の出兵に同意し、また国際ルートを保持するために滇緬《テンメン》鉄道と滇緬道路の建設も提案した。

劉雲は、昆明に帰ると三個師・一個砲兵団から成る六〇の軍団（およそ四万人）に編成して南京防衛のために九月湖南省に派兵した。この軍団長には、同じイ族出身の蘆漢を任命した。

抗日戦争が勃発した後、中国東部など広い地域を日本軍に占領された結果、国民政府は首都を四川省の重慶に移した。このため、中国西南地域は抗日の最重要な根拠地となり、雲南省は四川省に次ぐ重要な地域となっていった。というのは、太平洋岸の諸都市は国外との物資の輸送などを絶たれ、さらに東南アジアに進軍した日本軍により南も封鎖状況になったため、国外との物資などの補給路として雲南・ミャンマー（ビルマ）間ルートが最重要視されたからである。この唯一残されたルートを確保すべく、一九三七年一二月から三八年八月のわずか八か月で「滇緬公路」の西線、すなわち下関（大理の南）から畹町《ワンディン》までのおよそ五二五キロメートルに及ぶ距離を一〇万人超の人々を大動員して補修した。後にこのルートは同盟国（主にイギリス、アメリカ）からの物資補給の大動脈として活躍した。この雲南ビルマルートは国民党の指導的立場にあった蒋介石を同盟国が援助するということから「援蒋《えんしょう》ルート」とも呼ばれた。

抗日戦争は雲南にも少なからず損害を与えたが、その一方で北京や上海をはじめ中国北部の都市から多くの学術研究機関（たとえば北京大学、清華大学、南開大学が昆明に移って西南連合大学を組織）や、有能な人材などが雲南に疎開したことなどによって雲南にもたらした刺激と活気はとても大きいものがあったのではなかろうか。また、資源も豊富なので経済もある程度発展した。

一方、この時期の中国共産党の活動も見逃せないだろう。すでに紅軍の長征の説明で指摘したが、一九三五年一一月に中共雲南臨時工作委員会などが発足していた。その他いくつかの組織が合併をして、三六年一一月に雲南省各界抗日救国連合会、一二月に雲南学生救国連合会が成立し、抗日運動の基盤が着々と整えられていった。当時、昆明は中国において民主運動の中心であった。それは、西南連合大学を拠点とした学生ならびに知識人の活発な活動に支えられていたが、その一方で劉雲が密かに指示していたという指摘もある。抗日戦争時期に、なぜか劉雲はそれまで厳しく弾圧してきた共産党に接近し、民主同盟に参加している。このことは何を意味するだろうか。劉雲の意識のなかで、あくまで中央化つまり蒋介石支配に抵抗する強烈な〝雲南ナショナリズム〟があったのではないかという指摘もある。

一九四二年、日本軍はミャンマー（ビルマ）を占領すると、雲南の西部にも侵入し、現在の徳宏地区の騰衝、龍陵などの一部地域が戦場と化した。四五年、日本軍の敗戦とともに、雲南ミャンマー国境戦線も終止符を打った。これらの戦いでは、張衝《ちょうこう》、唐准源《とうじゅんげん》、周保中《しゅうほちゅう》（ペー族）などの将軍たちが活躍し、重要な働きをみせた。

日中戦争の終結後、かねてから雲南も支配下に組み込みたいと思っていた蒋介石は、劉雲を政権から排除する動きに出た。四五年一〇月三日に準備しておいた軍隊で取り囲み、龍雲を解任した。蒋は、劉雲を雲南（昆明）から引き離すことに成功したが、雲南の人々の反感をかい人心を掌握することに失敗した。そこで、盧漢を雲南省主席に任命せざるを得なくなったのである。当時、国共間の内戦勃発に反対運動が広がっていた。雲南でも各地で集会が繰り広げられたが、そのようななかで「一二・一事件」が起こった。すなわち、一九四五年一二月一日に軍人や暴徒による大学や新聞社などへの襲撃ならびに虐殺などが行われた。早速学生を中心に市民が公葬を挙行して、国民党（国民政府）に対する抗議行動を起こした。その後、各大学や職場でストライキなどが呼びかけられ実行されたが、三週間程で収拾に向かった。なお、見逃せない点として学生運動を主に指導してきたのが共産党の雲南省工作委員会であったことと、学生たちを収拾に向かわせたのも共産党の組織であったことである。この事件で雲南は蒋介石の直接支配を免れ、盧漢政権の基盤を強化するきっかけとなった。

中国全土で劇的な変化を受けて、国民政府と共産党の間で動揺を続けた盧漢は、最終的には共産党の組織と連絡をとり、昆明で蜂起の準備を進めた。一九四九年一二月九日、盧漢は国民党の要人たちを次から次へ逮捕して、中国全国に「雲南の蜂起」を宣言した。一方、蒋介石は最後の最後まで、国外に通ずる雲南を大陸の〝最後の拠点〟として確保しようと意図するが、失敗に終わり、成都を飛び立って大陸から去ったのである。雲南省に残った国民党政府軍部隊との戦闘は、一九五〇年二月までに終わりを告げた。三月一〇日に雲南省人民政府が成立し、主席に陳賡《チェンゲン》、副主席には張衡（イ族）、周保中（ペー族）、楊文清がそれぞれ任命された。ここから中華人民共和国の雲南省として、新たな歴史の一ページが始まるのである。

多面的な雲南の歴史

これまで「雲南」という一枚の大きな織物を歴史的に読み解いてきたが、では、雲南の歴史の特長とは何であろうか。また、雲南の歴史にみられる面白さとは何であろうか。いくつか気がついた点を以下に述べておきたい。

まず、雲南は辺境の地にありながらも、中国（特に南中国）攻略の要地であった点である。たとえば、漢の武帝による南越攻略の時も、モンゴルのクビライによる南宋攻略のための包囲作戦実行の時なども雲南が軍事的、地政学的にとても重要な地域であることを為政者側は徐々に認識していったと思われる。雲南は人体にたとえれば、中国にあって背中の位置にあったとも言えよう。だから歴代の統治者たちは、中国を支配下に治めるためには雲南をその勢力下に置こうとしたのである。

次に、雲南は辺境の地であるが故に、新たな王朝の支配下に治まるのは最後の方になることが少なくない。それは逆に、滅ぼされた前王朝の為政者親族などが最後まで雲南に留まって抵抗したから、あるいは雲南に逃げ込んで抵抗を続けたからである。元末の梁王、明末・清初の桂王（永暦帝）などはその好例である。何故雲南がこのような歴代権力者の末路の舞台となったのかを考える時、雲南という地域の多面的な歴史の不思議さを感ぜずにはいられないだろう。中央権力はいずれ弱体化して周辺化する、いわば権力の拡散化を起こす。次なる勢力は絶えず中央を脅かし、辺境である周辺に前勢力の残党が居残る。雲南はちょうどそのような場所であるともいえ、したがって、政治や文化、人や民族などの〝吹き溜まり〟となった。また、複雑な地形と多様な民族の生態に適する生活空間を有した雲南は、もともとの原住民族以外にも、様々なマイノリティ（少数民族）の重要な移住地でもあったのである。

三点目は、辺境からみた歴史観とはどのようなものであろうかという点である。先の二点目と指摘が重なる部分もあると思うが、技術・文化・伝統的なものは辺境という周辺に水上における幾重の波紋のように広がっては、残存し、沈殿してきた。それは中央から周辺に及ぶものとそれぞれ土着のものとが交じり合って独自の世界を作り上げる。雲南も今なお歴史に取り残されたものが残存し、辺境であるが故のロマンを感じさせてくれよう。雲南独自の独特の複合的な世界を有し、土着と融合した多様な文化などを伝えている。

雲南に関していえば、それは単なる辺境では終わらない。というのは、外界との状況によって、中継地域としての役割を果たしてきたからである。具体的にいえば、中国世界と東南アジア世界・インド世界との交易などによる中継的役割を担ってきた歴史を有するのである。これが四点目である。本文でも記述したように、交易ルートや交通ルートの開拓とその支配を巡って様々な王朝や民族などが争いを演じてきた。雲南の歴史を内からみると、まず点（壩子）から線（交易）へ発展していき、そして多様な面（地域）へ広がっていったようなイメージでとらえられよう。それは、外界からの経済的政治的刺激において発展した面は否定し得ないものの、あくまでも雲南内部（壩子を基盤とした）からの独自の発展であった。

そのことが現在、中国政府が周辺の行政区・少数民族地区での重要な政策と位置づける「西部大開発」プロジェクトなどに引き継がれており、なかでも一連のメコン経済圏への開発事業などに繋がっているのではないかと思われる。これこそが雲南のユニークさである。辺境故に古文化が残存するが、異なる世界（国境地帯）と早くから交易路が開けたが故に先端技術の導入も見られ、それらと混合や融合を繰り返しながらも、国際性に富んだ世界を形成してきたと言えるであろう。

五点目は、雲南のナショナリズム（辺境ナショナリズム）についてである。現在、〝雲南人〟としての意識がどこまで形成されているのかについては不明であるが、たとえば民国時代雲南出身のエリートたちにみる雲南主義（地方主義）・雲南ナショナリズムの意識は強烈であった。特に、諸外国による祖先の土地＝雲南への植民地化に対する危機意識は見逃せない点である。このような雲南人としてアイデンティティの拠り所の一つになっているのが、歴史上の南詔国・大理国の存在ではなかろうか。特に、現在の少数民族出身の人々にとってそのことの意義は小さくないと思う。チベット族にとっての吐蕃国のように、かつて中国ならびにその周辺の歴史上で、自らの民族あるいは雲南出身の人物が国を建て、活躍した歴史を共有することは、民族あるいは地域としてのアイデンティティを収斂しやすい面は否定できないだろう。それは辺境であるが故に、より中央（漢）に対する自らのプライドを保持するのであり、いわば辺境ナショナリズム的要素も重要な点として見逃せないだろう。

最後に、歴史上の非漢民族つまり現在の少数民族の人々について少し述べておきたい。本文でも述べてきたように、雲南の歴史を担ったのは主に明代以降に移住した漢人とともに多くの非漢民族の人々であった。現存する史料は中国王朝の為政者側の視点で書かれた漢籍史料がほとんどであるため、歴史上での非漢民族の人々の実像を摑むことはとても難しい。それでも、非漢民族側の権力者やリーダーたちに関する史料は各書に散見できるが、今後は少数民族側の民族文字資料や伝承なども対象にした研究の成果が徐々に明らかにされてくるだろう。なお、少数民族の詳細に関しては次章で扱いたい。

雲南という世界は多面的であり、見る視点を違えればプリズムのように様々な光景をみることができるであろう。その歴史も多面的である。いずれにせよ、雲南地方が中国の古代史から近現代史さらにはアジア諸民族史などに果たした役割は我々が想像するよりはるかに大きいものがあると言えよう。

四　多様な少数民族の世界

少数民族をとりまく状況——つくられる少数民族像

〝雲南の少数民族〟と聞いて、まず何がイメージされるだろうか。何に関心があるかによってイメージされることは異なると思うが、比較的誰しもが思い浮かべる光景は、歌舞や祭りなどの時に艶やかな民族衣装を身につけた少数民族の人々の姿ではないだろうか。それぞれの民族服は、少数民族の人々にとって〝ハレ〟(非日常、日常のケに対する)の時に着る、まさに「晴れ着」である。それは、それぞれの民族にとって伝統文化の一部であるとともに、民族を表す一つの重要なスタイルであり、民族意識を高めるエスニック・アイデンティティの拠り所でもある。

私は、かつて雲南に長期滞在していた時期に、この民族服とエスニック・アイデンティティのあり方についていろいろと考えさせられたことがある。それは、私がかつて教鞭をとった雲南民族学院(大学)での少数民族のエリートたちが、〝外賓〟(海外・国内の来賓、日本人も少なくない)が来る度に大学から用意された〝衣装〟(自らの民族服とは異なる他民族の民族衣装、彼らにとっては単なる衣装でしかない)を着て笑顔を振りまく姿を日常的に見て、複雑な気分を味わう経験をしたことをきっかけにしている。その上、フィールド・ワークに出かけた、雲南で唯一通海県に集住するモンゴル族の人々の姿(民族服)を見た時、およそ我々が想像する北方のモンゴル族とは異なる姿に驚いた覚えがある。さらには、西双版納《シーサンパンナ》タイ族地区で歴史上、同胞の反乱に対する清朝の鎮圧後の虐殺を免れるためにやむを得ずタイ族の民族服を着た回族《フイ》の人々に接した時も、深く考えさせられてしまった。それはタイ族の多くは仏教徒であるという（我々の）イメージが強く、そのタイ族の姿をする彼らが敬虔なムスリム（イスラム教徒）であるという複雑さに戸惑ってしまったということなのかもしれない。

その後、私は他の事例なども分析しながら、確かに民族服は民族を表す重要な形ではあるが、表面上の形つまり民族服のイメージにとらわれてしまい、実際の〝中身〟つまりエスニック・アイデンティティの変化、変質に我々（場合によっては少数民族の人々自身も）は気づいていないのではないかという疑問をもつようになった。このような問題意識から、私は少数民族をとりまく状況は、大きく相反する二つの現象が同時に進行しているのではないかと考えるに至った。

1985年頃の雲南民族学院と学生たち
（学院から用意された民族衣装を着る学生たち）

一つは、国家による民族識別などの工作（後述）を通じて民族的帰属が固定化され、それに伴い国家にとって好ましい少数民族像が「上から」つくりだされている状況がある。それは様々なメディアを通じてそのイメージ化がはかられている。そのいわば〝つくられた少数民族像〟の具体化として言えば、例えば民族歌舞団による民族舞踊や、その時に着用される民族衣装がある。踊り手はどの民族の出身かは問われず、その少数民族を〝演じれば〟よいのである。

このような現象は少数民族の社会にもあらわれ始めており、各地の少数民族地区で観光業などの一環として「少数民族」自身を商品化する傾向が多くみられるようになってきている。

その一方で、少数民族の社会は今なお伝統的な生活を営む地域も多いが、元々貧困地域も多い上に、近代化やグローバル化による影響でますます中国の先進地域との経済格差が生まれ、著しい社会変容を余儀なくされている地域も少なくない。若者を中心に、日頃からの民族服の着用は徐々に少なくなり、自らの民族文化に対する知識や関心がますます希薄になっていく傾向もみられるのではないか。このようななかで、観光業などで「少数民族」を商品化して経済的に潤う少数民族地域と、今なお貧困に苦しむ少数民族地域との格差がますます拡大している現実は、見逃すことができないだろう。

このように一口に少数民族と言っても、それぞれの歴史や伝統的な生活文化、そして近年の動向など、一くくりにはできない様々な状況がみられる。都市部に住む少数民族出身のエリートたちもいれば、今なお伝統的な生活を営む人々もいる。そこには、まさに多様な少数民族の世界が存在しているのである。

少数民族とは「漢民族ではない人々」

では、中国において少数民族と呼ばれる人々とは、どのような人たちなのであろうか。現在、中国には五五の少数民族が居住し、その総人口は中国総人口のおよそ九％を占めるに過ぎないが、その数はすでに一億人を超えている。世界的にみて、一億人という人口数は決して少数であるとは言えない。確かに五五の少数民族のなかには、四千人に満たない民族もいるが、その一方で一六〇〇万人を超える民族もいる。なぜ中国国内で人口数の多少に関わらず、一括して少数民族と呼ぶのだろうか。それは世界のなかで一番人口が多い民族である「漢民族（漢族）」に比べれば、他の民族は少数派民族とみなされているからである。単に人口が少ないからと言うよりは、むしろ「漢民族ではない人々」すなわち「非漢民族」をすべて少数民族とみなしていると言った方がわかりやすいであろう。

雲南省に居住する少数民族の総人口は、およそ一五〇〇万人に達するが、中国少数民族の全体から見れば、およそ一五％を占めるにすぎない。しかしながら、その人口規模は新疆ウイグル自治区やチベット自治区を上回り、広西チワン族自治区に次ぐ第二位である。雲南省に分布する少数民族（五〇〇〇人以上の民族）の数は二五を数え、中国全体の五五の半数近くを占める。第三章の歴史で述べたように、このことはかつて雲南が「非漢民族」を中心とした世界であったことからも理解できよう。では、なぜ雲南は他の五つの自治区とともに自治区にならなかったのだろうか。様々な理由が考えられるが、最大の理由の一つは雲南には人口的に突出した少数民族がいないという点にあるのだろう。現在、人口が最も多いイ族は四八〇万人以上を数えるが、同省の総人口（およそ四五〇〇万人）の約一六％を占めるにすぎない。しかしながら、別の角度からみれば、雲南は人口的に突出した特定の少数民族の自治区ではないことが特色の一つでもあり、二五にも上る少数民族を抱える「多民族省」であることが逆にその多様性という特徴を際立たせているのかもしれない。

雲南に居住する二五の少数民族を人口から見ると、どのような傾向がみられるだろうか。表「人口からみた雲南少数民族の状況」（次次ページ）は、人口の多い少数民族順に整理した資料である。これらの資料をみると、いくつかの傾向が見出せる。まず、人口が突出して多い民族がみられず、一〇〇万人を超える民族が五つ、なかでもイ族だけが四〇〇万人を超え、その他の民族（ペー族、ハニ族、タイ族、チワン族）は一三五万から一〇〇万の間である。ただし、これら五つの少数民族の総人口はおよそ八六〇万人に達し、雲南少数民族総人口の約六〇％を占めている。

各民族の総人口（中国国内）に対する雲南省のみに居住する同一民族の占める比率（％）のデータ（表）をみると、大きく三つの傾向を読み取ることができる。すなわち、主に雲南にしか居住していない民族（一〇〇％に近い③④⑦⑨⑩⑪⑬⑮⑰⑱⑲⑳㉑㉕の一四民族）と、雲南を主たる分布地域としていない民族（一〇％以下の⑥⑧⑫⑭⑯㉒㉓㉔の八民族）、そしてそれ以外の①イ族六二％、②ペー族八三％、⑤ミャオ族一二％、である。イ族、ペー族を「一〇〇％組」、ミャオ族を「一〇％以下組」にそれぞれ入れるとすれば、それぞれに二分することができだろう。前者の「主に雲南にしか居住していない民族」には土着系民族が多く、後者の「雲南を主たる分布地域としていない民族」は主に唐代以降に雲南に外来してきた民族が多い。

居住分布からみた特色

現在、少数民族の多くは各地域に散居しているが、そのなかでも少数民族が比較的集住する地域には、それぞれ規模の異なる民族自治区域が成立している。これら民族自治地方は、一級行政区（省・直轄市）に相当する自治区、二級行政区（市）に相当する自治州、三級行政区（県）に相当する県あるいは旗、の三ランクに分かれている。現在（二〇〇〇年の段階）、中国国内には、五つの自治区、三〇の自治州、一二〇の自治県がある。そのうち雲南省は、自治州は八つ、自治県は二九を数える（当然雲南は省なので自治区はない）。雲南省の民族自治地方は、同省総面積のおよそ七〇％を占め、同省の少数民族総人口の約八四％が居住する。

それぞれの民族の祖先集団がいつから雲南に居住したかは必ずしも明らかではないが、大まかに考えられていることは以下のようである。最も古層の文化を伝えている先住民族は、かつて中国の史書に「濮」（ぼく）と呼ばれたモン・クメール語派（南アジア語族）のワ族、ドアン族、プーラン族の祖先集団である。元々、雲南の西南部から南部にかけて分布していたが、後に水稲耕作民のタ

⑬ジンポー族	12.8	13	約99%	―・(ミャンマー等)
⑭チベット族	13	542	約2.4%	チベット自治区(45%)・四川(24%)・青海(20%)
⑮プーラン族	9	9.2	約99%	―
⑯プイ族	3.8	297	約1.3%	貴州(95%)
⑰プミ族	3.3	3.4	約98%	―
⑱アチャン族	3.4	3.4	100%	―
⑲ヌー族	2.8	2.9	約98%	―
⑳ジノー族	2.1	2.1	100%	―
㉑ドアン族	1.8	1.8	100%	―
㉒モンゴル族	1.5	581	約0.27%	内蒙古(70%)・遼寧(12%)・新疆(3%)・(国外)
㉓スイ族	0.9	41	約2.3%	貴州(93%)・広西(4%)
㉔満族	0.7	1068	約0.07%	遼寧(50%)・河北(17%)・黒龍江(12%)
㉕トールン族	0.66	0.7	約95%	―
※その他・未識別少数民族	1.76	75.23	約2.3%	貴州(92%)・四川・チベット自治区等

	省内人数	全体	省／全体（%）	省外の主な分布（国外）
①イ（彝）族	481	776	約62％	四川（27％）・貴州（11％）、（ベトナム等）
②ペー（白）族	154	186	約83％	貴州（7％）・湖南（7％）
③ハニ（哈尼）族	142	144	約99％	―・（ラオス、ベトナム等）
④タイ族	115	116	約99％	―・（ミャンマー、ラオス、タイ等）
⑤ミャオ族	107	894	約12％	貴州（50％）・湖南（21％）、四川（7％）・（ベトナム等）
⑥チワン族	97	1618	約6％	広西（92％）
⑦リス族	60	63	約96％	四川（％）・（ミャンマー、タイ等）
⑧回（フイ）族	59	982	約6％	寧夏（18%）・甘粛（13%）・河南（10%）・新疆（8%）
⑨ラフ族	44	45	約98％	―・（ミャンマー、ラオス、タイ等）
⑩ワ族	39	40	約98％	―・（ミャンマー等）
⑪ナシ族	29	31	約95％	―
⑫ヤオ族	21	264	約8％	広西（62％）・湖南（22％）・（ベトナム、タイ等）

表【人口からみた雲南少数民族の状況】土着―外来・跨国境（率）
（人口の多い順。人数はおよそ～万。雲南省民族委員会による2000年の統計）

イ族系（百越）に河川沿いの壩子を占拠、居住されると、徐々に壩子周辺の山地に追われていったのではないかと考えられている。さらに北方からいくつかの民族集団が雲南北部に南下し、なかでもチベット・ビルマ語系のジンポー語派のジンポー族やトールン族、またイ語系諸民族のイ族、ナシ族、リス族、ラフ族、ハニ族などは、雲南西北部、横断山脈の北部から南部などにかけて、あるいはその他山脈の北部から南部にかけて山伝いに南下して広範囲の地域に移住したと思われる。これら民族は前述した「雲南にしか居住していない民族」を主としており、その移動は主に唐代以前とされる。

一方、主に唐代以降に雲南に外来（移住）した民族として、チベット族は唐代の頃にカム地方（現在の四川省の一部）から移住し、モンゴル族、回族、プミ族は元代に移住し、ミャオ族、ヤオ族は主に明、清の時代に湖南、貴州、広東、広西などから移動して来た。また満族の一部は清代に移住し、プイ族、スイ族はチワン族との関係を保ちつつ清代に移動して来たといわれている。なお回族、モンゴル族、満族そして漢族などは各地の壩子上に建設された都市に主に居住し、比較的新しく来たミャオ族、ヤオ族は、平地や山地はすでに多くの他民族に占められていたため、未開拓の高山地帯に移住せざるを得なかった。このように歴史的に、山間の平地（壩子）、それを取り巻く周辺の低山・中山（標高一八〇〇メートル以下）、そして高山・山岳・高原（標高一八〇〇メートル以上）の三つの生態空間にそれぞれの民族集団がモザイク模様の如く「住み分け」を行ってきたのである。したがって、これら少数民族の居住分布は、それぞれ民族の歴史、とりわけ移動の歴史の結果といえるだろう。

民族によってはこのような移動を繰り返しながら、それぞれ民族内部が分岐しながら新たな民族集団を形成していった。例えば、ラフ族の祖先集団は他のイ語系民族と同様、北方から南下移動した。唐代頃より瀾滄江（メコン川の上流）沿いに南下し、東西に分岐したとされるが、瀾滄江以西に南下した集団は「ラフナー」（黒ラフ族）を形成し、以東に南下した集団は「ラフシー」（黄ラフ族）となった。後者の方が漢族との接触が多く、地域によって水稲耕作を行うが、前者は山地民として平地民であるタイ族から「ムッソー」（狩人）と呼ばれた。また、リス族は主に雲南西北の怒江峡谷沿いの山地に居住し、同地方の山地社会では一定の勢力を有したが、歴史上一部の人々はナシ族の土司や中国王朝の圧政に大規模な反乱を繰り返しながら南下し、タイ族地区ならびに国境を跨って東南アジアまで分布するに至った。このような国外に同胞民族を有する民族は、雲南少数民族二五のうちその半数を超える。やはりこれら国境を跨る民族も、平地系民族（タイ族が代表）、山地系民族、高原系民族などに分かれており、それぞれ民族の生態に適した環境に「住み分け」を行っている。

もともと「非漢民族」を主役にその歴史が展開していた雲南ではあったが、明代中期以降から、内地の軍隊をはじめ漢人の移住が本格化したことが、雲南における民族の分布に多大な影響をあたえた。漢人の移住に伴い、各地で先住民族である「非漢民族」たちはまず土地を奪われ〝水平〟に追い立てられ、さらには〝垂直に〟つまりは山に追いやられることとなった。

現在、雲南省の総人口およそ四五〇〇万人のうち、三分の二は漢族が占めており、漢族は今なお辺境あるいは国境に広がって増加し続け、少数民族との雑居化が進んでいる。漢族や都市部の少数民族の使用する言語は、主に漢語の北方方言（現中国の共通語・北京語）の西南官話に属するが、歴史的に様々な少数民族語の影響もあって、独特の雲南方言が各地で使われている。したがって、これら「漢民族」と現在の少数民族との民族上の境界は時代的にも曖昧かつ流動的である。かつては自らが漢族なのか少数民族なのかさえわからない者が少なくなかった。ではいつから漢族と「非漢民族」すなわち少数民族を区別するようになったのであろうか。以下にその経緯をみていきたい。

国民統合への歩み

中国で「少数民族」という用語が登場し始めたのは、一九二〇年代であるといわれている。中国共産党は、中華人民共和国成立前より、少数民族の民族問題ならびに民族政策を重要視してきた。というのも、中国政府（共産党）が国家統合を進めるに当たり、国境を接する諸外国との外交を円滑に行うためにも、国境地帯に多く居住する少数民族の人々の動向を無視することはできず、むしろそれまで差別や抑圧されてきた少数民族の人々を積極的に国家建設への参加を呼びかける必要性もあったからである。このことは、すでに第三章の歴史のなかで述べたように、紅軍（中国共産党）の長征によって共産党の幹部たちが実際に得た、少数民族社会の実情の知識が、その後の政策に生かされたと言うこともできるのではないか。いずれにせよ中国政府にとっては、国内の多様な民族の動向を把握し、速やかに国民統合を進めることが急務であった。

新中国成立（一〇月一日）直前の一九四五年九月に、中国人民政治協商会議が開かれ、そこで採択された「共同綱領」によって「民族区域自治」政策が明らかにされた。ここでいう「民族区域自治」とは、それまで一時的ではあるが、それぞれの民族の独立を認めていたことと反対に、少数民族の分離独立を否定し、少数民族地域を中国政府が統一的に指導下に置くことを意味していた。

そこで、中国政府は、少数民族に対する政策を慎重に行っていった。まず民族平等政策を掲げ、少数民族地区に訪問団を派遣して政府の民族政策を宣伝した。なぜそのようなことをしなければならなかったのか。それは、それまで多くの少数民族が民族蔑視や差別に苦しんで自民族の帰属を隠して生活してきたからである。中国政府は、自らの民族帰属をすすんで明らかにさせようとしたのである。

各地の民族の状況を把握するため、一九五〇年から全国（主として辺境）で民族の「識別工作」が始まった。しかし雲南は、依然一九五〇年になっても辺境地帯は治められておらず、なかでも現在の西双版納タイ族自治州などを統治していた車里宣慰使をはじめ、徳宏タイ族地区などの土司たちが勢力を保持していた。そのため、一九五〇年一一月に開催された少数民族工作会議（中共雲南省委員会）では全省を「内地民族雑居区」と「土司制度辺沿区」（土司残存辺境地域）さらにその緩衝地帯として「緩衝区」に分けて対応することを決定した。「中共雲南省政府」は、民族工作隊を組織して、雲南の各地に派遣した。その任務は、まず民族間関係の回復、特にタイ族の土司平地民と周辺の山地民との関係の修復、生活援助としての国営民族貿易公司の設立、民族調査や社会調査（階級区分・土地所有形態・搾取状況・社会経済形態）などの実行、であった。このような民族工作を進めていくなかで、特に「土司残存辺境地域」に対しては、まずそれらの民族の上層の人たちと「社会改革」について協議を進め、共産党の民族幹部として厚遇しながら、徐々に国民統合化を図っていった。なおここでいう「社会改革」とは、前段として遂行された民主改革、後段として実行された社会主義改造をいう。

識別工作による「民族」の認定

一九五一年、雲南省民族事務委員会内に設置された調査研究室は、中共雲南省委員会ならびに同省人民政府とともに省内の民族識別工作を開始した。まずは各地の諸民族の人口とその分布状況の調査を開始し、七月には『雲南省兄弟民族人口分布初歩統計』資料を発表した。さらに中央西南民族訪問団第二分団の民族調査も行われた。

一九五三年に行われた第一回全国人口調査では、各少数民族の人々は積極的に自分の民族名（中国の戸籍には民族名を記入する欄が設けられている）を申告し、その数は四〇〇を超えた。これらの申告した人々のなかには、自分たちが少数民族なのか漢族なのか区別のつかない人々が少なからず含まれていた。なかでも雲南省は申告された民族名がひときわ多く、その数は二六〇以上にのぼった。

民族識別工作にはいくつかの段階があり、まずある集団が漢族か少数民族かを区別し、少数民族だとすれば、単一の民族なのか、それともある民族の「支系」（ブランチ・下位集団）なのかが調査された。この「支系」集団は、それぞれ民族の下位集団として自称や他称で呼ばれることが多かった。面白いことに、まだ民族識別が始まる以前の一九五一年の中央人民政府民族事務委員会編集による《中国少数民族人口統計資料》をみると、現在の少数民族の名称とは異なる、かつての他称あるいは自称による民族呼称が数多くみられる。例えば、泰（傣）（現在のタイ族）、民家（現在のペー族）、佧佤（現在のワ族）、窩尼（現在のハニ族）、麼些・摩梭（現在のナシ族）、儂人・沙人（現在のチワン族）、倮黒（現在のラフ族）、俅人（現在のトールン族）、山蘇（現在のイ族）、散民（現在のイ族）、蒙化（現在のイ族）など各民族の数多くの支系（下位集団）名を知ることができる。これらの名称から、識別工作が行われる以前の民族の〝状況〟がわかり、とても興味深い。

一九五三年の段階で、すでに確定していた一一の民族（**モンゴル族、回族、チベット族、**ウイグル族、**ミャオ族**、**イ族**、朝鮮族、**満族**、**ヤオ族**、黎族、高山族。ゴシック体は雲南に居住する少数民族。以下同様）に加え、さらに二七の民族（**チワン族**、**プイ族**、トン族、**ペー族**、カザフ族、**ハニ族**、**タイ族**、**リス族**、**ワ族**、トンシャン族、**ナシ族**、**ラフ族**、**スイ族**、**ジンポー族**、キルギス族、トゥー族、タタール族、ウズベク族、タジク族、エベンキ族、ボウナン族、チャン族、サラ族、オロス族、シボ族、ユーグ族、オロチョン族）が認定され、合わせて三八の民族が確定している。

翌年一九五四年三月、中央民族委員会が「雲南民族識別調査組」を組織して派遣し、さらに識別工作を推し進めた。なお当時、この工作には多くの民族学者や言語学者などが動員されたといわれている。

その結果、一九六四年の第二回全国人口調査で申告された民族名一八三のうちから、新たに一六の民族（トゥチャ族、シェ族、ダフール族、ケラオ族、**プーラン族**、コーラオ族、**アチャン族**、**プミ族**、**ヌー族**、パラウン族（八五年に**ドアン族**と改称）、キン族、**トールン族**、ホジェン族、メンパ族、マオナン族（八六年にモーナン族に改称）、ロッパ族）が追加承認され、少数民族は合計五四となった。

さらに一九七八年に、**ジノー族**が追加承認された結果、あわせて五五の少数民族となった。これら一連の「民族識別工作」は、中華人民共和国成立後、全国規模で遂行されたいわば国家プロジェクトとしての「民族」の認定作業であり、「国定民族」の誕生のプロセスとも言えるだろう。しかしその作業も未だ完結されておらず、これら五五の少数民族以外にも、未識別・未確定の人々は現在もなおおよそ七五万人以上いるとされており、彼らは～族とは呼ばれず、～人と称されて、現在に至っている。

民族の立体的な「住み分け」

これまでみてきたように、雲南の少数民族の特色は何かと聞かれれば、まずその多様性にあると答えるだろう。それは、雲南特有の複雑な地形にそれぞれ民族集団ごとに適した居住高度で垂直的に立体的に「住み分け」を行っている様子からも明らかである。それぞれの民族集団は異なる生態空間ごとに、生業・経済生活を営み、多様な生活文化をつくりだしている。ただし、これらの民族は、同じ民族内でも、壩子を生活基盤とする民族集団と、壩子を囲む山地・高原を生活基盤とする民族集団ではその生活様式や状況はそれぞれ様相を異にしている。

一般的に雲南では、標高五〇〇メートルから一〇〇〇メートル間の河川沿いの壩子上に水稲耕作を行うタイ族が住み、その壩子を取り囲む山地に主に茶の生産や畑作（場合によっては棚田）あるいは焼畑などを行うハニ族、ラフ族、ワ族など山地系の民族が住んでいる。

標高二〇〇〇メートル前後の高原湖辺の壩子、例えば大理には水稲耕作を行うペー族が主に住み、それを取り囲む山岳地帯には農牧民系のイ族や高地雑穀栽培民系のミャオ族などが生活している。また、標高三〇〇〇メートル以上の壩子ならびに高寒高原にはチベット族が牧畜生活を営んで

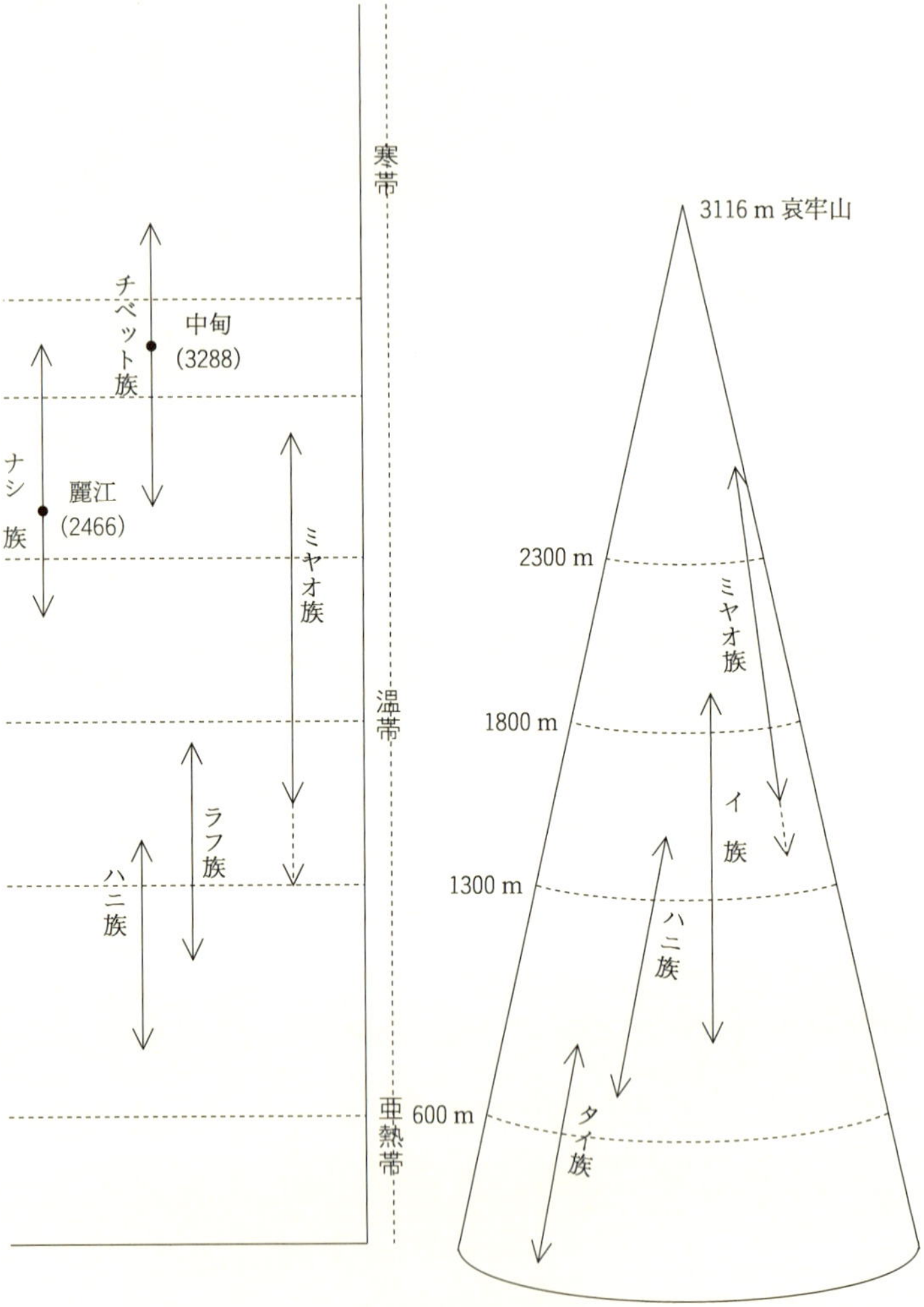

【哀牢山をモデルとした概念図】

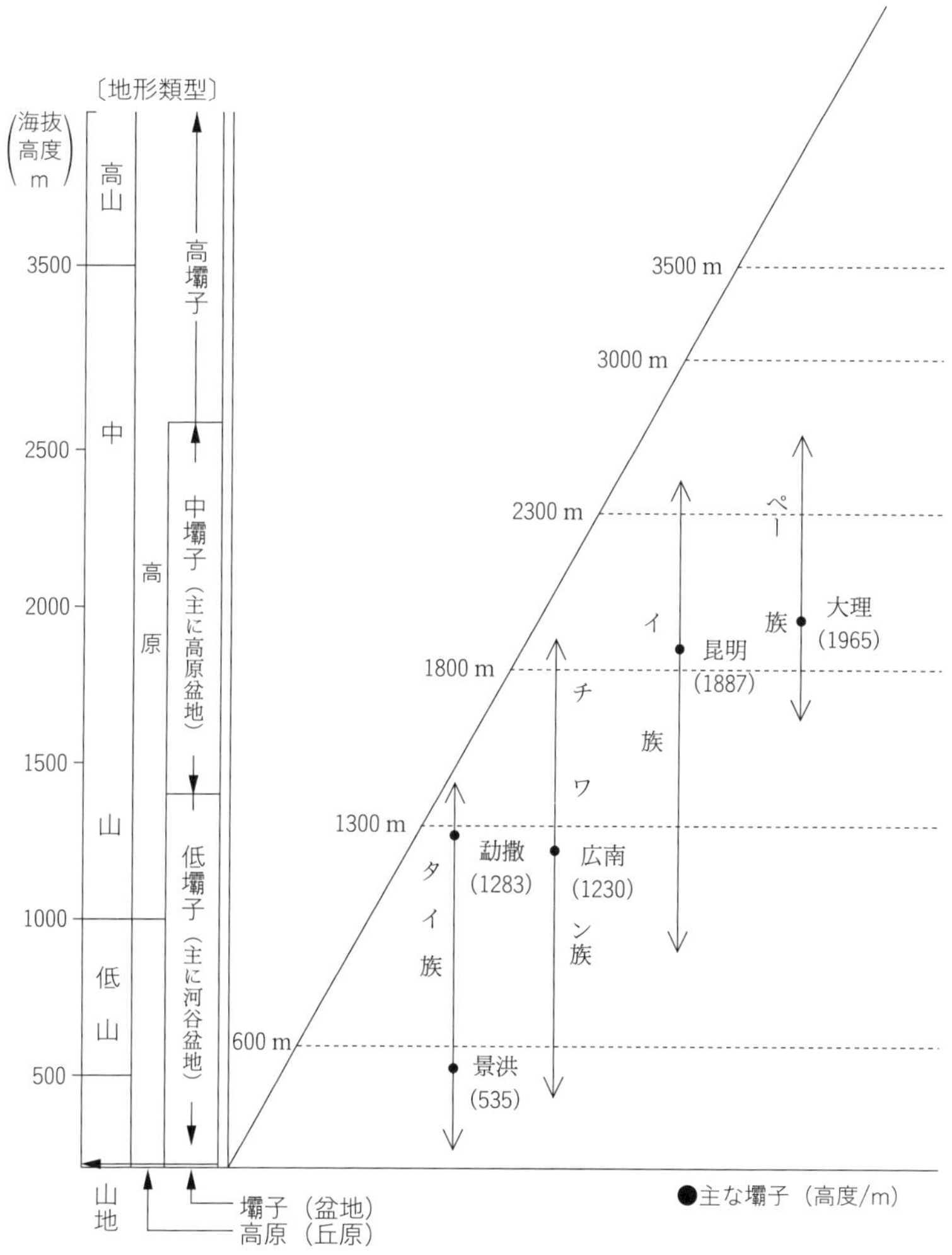

【雲南の地形類型と各民族の居住高度】

いる。

なお、雲南に長い歴史をかけて移住してきた漢族は、主に七〇〇メートルから二五〇〇メートルの山間盆地（壩子）あるいはその丘陵地などに居住している。かつては気候風土との適応などから、主にタイ族が居住する熱帯の山間河川盆地や、主にチベット族が住む亜寒帯の地方まではその主要な居住範囲としては広がらなかったようであるが、現在は環境が整い、漢族の居住範囲は拡大しつつある。

雲南の各地で異なる民族が立体的に住み分けを行うなかで、哀牢山は、様々な少数民族が立体的、垂直的に居住する典型的な地域の一つである。それは、民族によって標高ごとに住み分けを行い、それぞれの環境に適応し、独特の景観をつくりだしている。哀牢山最初の居住者といわれるタイ族は、一番肥沃な河谷地域（河川壩子）に居住し、水稲耕作をはじめゴムや果物などの経済作物をつくっている。一方、哀牢山に沿って流れる紅河南岸、山の中腹にはハニ族が居住し、村々の周囲には幾十幾百もの段々畑や水田などがみられる。他の民族より遅く移住してきたのがミャオ族である。彼らは標高二〇〇〇メートル前後の高山や石山に居住し、その厳しい環境のもとで生活を続けている。このように歴史的理由や民族の特性などによって、民族ごとの共生関係を築き上げてきたのである。

環境に適した多様な生活と文化

複雑な地形と気候ならびに居住環境などによって、多くの少数民族はそれぞれ多様な生活と文化をつくりあげてきた。したがって、どのような環境なのかによってその生活と文化は大きく左右されることとなる。民族ごとあるいは同一の民族内部においてさえも、居住環境によってその様相を異にする。

その特徴から、多くの少数民族を【A】主に壩子を生活基盤とする民族、【B】壩子と壩子を結ぶ街道上あるいは都市などに居住する主な民族、【C】壩子を囲む山地・高原を主な生活基盤とする民族（ただし、民族によってはその一部はすでに壩子上で生活する）の三つのグループに分けると、おおよそ次のようになる。ただし、この表は一つのとらえ方（考え方）であって、同じ民族でも地域が変われればその状況が変わるように、民族と地域によっては必ずしも一つのパターンに限らない場合もあることを付言しておきたい。

【A】主に壩子を生活基盤とする民族
(1) タイ族
(2) ペー族
(3) ナシ族

	(4) チワン族・プイ族・スイ族 ＊アチャン族⑽参照
【B】壩子と壩子を結ぶ街道上あるいは都市などに居住する主な民族	(5) 回族
	(6) モンゴル族・満族・(漢族、その他)
【C】壩子を囲む山地・高原を主な生活基盤とする民族（ただし、民族によってはその一部はすでに壩子上で生活する）	(7) イ族
	(8) チベット族
	(9) ハニ族・リス族・ラフ族・プミ族
	(10) トールン族・ヌー族・アチャン族
	(11) ワ族・ジンポー族・プーラン族・ジノー族・ドアン族
	(12) ミャオ族・ヤオ族

以下、個別にそれぞれの民族の多様な生活と文化を眺めていきたい。

⑴ タイ族

水稲耕作民の代表的民族であるタイ族は、雲南南部の亜熱帯気候のもとで多雨多湿の標高五〇〇メートル前後の平地（山間河川盆地）に暮らしている。主に竹や木による方形の高床式住居に住み、階下に家畜を飼う。モチ米料理を好み、川魚を食べ、料理は一般に酸っぱい味付けを好む。

雲南のタイ族は大きく分けて三つに分けられる。漢族から主に「水タイ」と呼ばれるタイ・ルー族、漢族から「旱タイ」と呼ばれるタイ・ナー族、そして漢族から「花腰タイ」と呼ばれるタイ・ヤー族である。このなかでタイ・ルー族は主に西双版納《シーサンパンナ》地方に分布し、その多くは州中央を流れる瀾滄江（メコン川）沿い、またはその支流の川沿いに居住する。タイ・ナー族は、主に怒江下流の地方の徳宏《ドウーホン》に分布している。タイ・ヤー族は、元江や新平などに分布している。同じタイ族でも、それぞれの地域によって、その文化や歴史の有り様は同じではない。

水かけ祭りなどの祭り

タイ族は、主に河川壩子に住んでいるが、その日々の生活は、水をいかに管理し、支配するかにかかっている。それは宗教行事にも反映されている。熱心な仏教徒（上座仏教）である彼らは、日常から宗教活動を欠かさないが、その最大の祭りが「水かけ祭」である。

この祭りは、中国語では「潑水節《ポーシュイジィエ》」と言い、日本語では一般的に「水かけ祭り」と呼ばれている。タイ族暦の正月、タイ暦の六月六日から七月七日の間、旧暦でいえば清明節後の一〇日頃行われる。稲の生育に欠かすことのできない雨期の直前である。この祭りにはタイ族をはじめ周辺に居住するハニ族、ドアン族、ジンポー族、ジノー族なども参加する。人々は色とりどりの民族衣装を着て、瀾滄江《らんそうこう》のほとりに集い、龍舟《ドラゴンボート》レースや「高昇」（竹製ロケット）などに興じる。そして、人々は互いに水をかけあって水の恵みを祝い、祝福する。

タイ族の「水かけ祭り」（景洪にて）（上）西双版納での市場風景。平地民タイ族と山地系民族（勐海の郊外にて。1987年撮影）（下）

この祭りが始まったきっかけについては次のような伝承が伝えられている。昔、凶悪な魔王がおり、七人の女性を奪っては妻としていた。ある時、賢い女性たちは魔王が酔いつぶれた絶好のチャンスにその首を切り落とした。ところが魔王の首は火の玉となったため女性たちは必死に水をかけた。交代で首を持った彼女たちの体には大量の血がついたため、互いに水を掛け合ってその穢れを清めたという。

また、一〇月中旬には開門祭という、農閑期になることを告げる祭りがある。この祭り以降、農繁期になることを示す閉門祭までの間が、タイ族の若い男女にとっては恋愛をしたり結婚式をしたり新しい家を建てたりする重要な時期となる。

精霊ピー

仏教が伝来する以前からのタイ族固有の信仰に、精霊ピーの存在がある。村の中心に寺があるとすれば、村のはずれや、家々の裏庭に精霊ピーを祀る祠がある。目に見えない〝ピー〟ではあるが、至るところに存在し、時に「稲魂《いなだま》」であったり、鬼神になったりするという。ピーは、時によって、カミであったり、精霊であったり、鬼神や妖魔であったりするようだ。人々の意識のなかでは厳密な境界があるわけではなく、相互に入れ代わったり、その時の状況で融通されたりするもののようである。

地名と人名

タイ族が居住する地方の地図をみると、しばしば「曼」や「勐」などのついた地名があることに気づく。これらの漢字は、タイ語をその発音に一番近い音の漢字に訳したものである。たとえば、「曼（マン）」は村寨の意味があり、「勐（モン）」は地方あるいは一つの行政地域の意味をもつ。たとえば曼鬪は鬪村であり、勐海《モンハイ》は海《ハイ》の地方、あるいは海《ハイ》の行政地域という意味になる。曼も勐も、元々タイ語の「ムアン」（地域あるいは地方）に由来すると考えられる。

人名のつけ方も、タイ族独特のものがある。タイ族の命名には男女の別があるが、男子は一生で幼名、法名、還俗名、父母名の四度名前を変えるのが一般的であるとされる。女子は一生のうち二度名前が変わる。タイ族には、姓つまり苗字は元々なかったと言われている。父系社会を形成してきた漢族のように漢字の姓をもつようになった始めとしては、歴史上中国世界の支配に組み込まれていく過程で、タイ族の為政者が中国王朝から姓を賜ったことや、タイ族での象徴的な呼び名を漢訳したことなどが考えられる。現在雲南タイ族で多い姓は、「刀」・「岩」・「李」そして「龔」などである。

さて、名前であるが、幼名を例にとれば、平民の家の男児は「艾（アイ）」あるいは「岩（アイ）」、女児は「依（イ）」あるいは「玉（イ）」を名前に前置きし、貴族の家の男児は「召孟《チャオモン》」、女児は「孟（モン）」を名前に前置きする。法名や還俗名にも厳格な等級の制約があった。タイ族は男女の命名が出身の等級を示すばかりか、その名前からその人の政治的身分と経済的地位を知ることができた。なかでも面白いのは、父母名である。これは、結婚後子どもが生まれると、その子（たとえば長男長女の場合）の名前の前に〝波〟（父親）、〝咪〟（母親）をつけて呼ばれる。たとえば玉香という名前の長女がいれば、〝波玉香〟（玉香ちゃんのお父さん）、〝咪玉香〟（玉香ちゃんのお母さん）と呼ばれ、今度孫が生まれれば孫の名前の前にお爺さん、お婆さんにあたる言葉をつけて呼ばれる。日本でも子どもがいれば、子どもを中心に「〜ちゃんのパパ」「〜くんのママ」と呼ばれていたりするので、少し似たところがあるのかもしれないが……。

(2) ペー族

歴史的には漢族の影響を強く受けてきたペー族は、洱海を中心とする大理などの標高およそ一九〇〇メートルの壩子で主に水稲耕作を営み、先進的な漢文化を取り入れつつ、土着文化との融合を重ね、独自の文化を育んできた。なお、ペー族のなかにも山地に居住する民族集団もいる。

工匠工芸と藍染

ペー族の家屋の至るところに様々な木彫装飾を施した門窓をみることができる。その出来ばえは、時に素朴で優雅、時に華麗で精緻である。実はこれら木彫の多くはペー族工匠（職人）たちがつくりあげたものである。なかでも剣川《けんせん》地区ペー族の工匠集団たちは昔からその名が知れ渡っており、祖先代々の匠の技を継承している。剣川の木匠たちは雲南各地に進出し、省内の有名な木彫や建設などを手がけている。匠の技は木工だけに留まらず、大理石を産出する点蒼山地域では、ペー族の石工たちが鮮やかな模様の大理石の工芸品を作り出す。その工芸は、銀細工などの工芸品にも及ぶ。

また、ペー族の村では藍染が盛んである。藍染は、普通の白い木綿、あるいはシルクの上に、手作業によって様々な図案や紋様を染め上げ、非常にカラフルな藍染の布に仕上げる。これら藍染からカーテン、テーブルクロス、服やスカート、帽子、バンダナ、スカーフなどの美しい製品を作り出す。このほか、様々な刺繍製品などもある。ペー族は早くから都市を形成し、商業や手工業などを発達させてきた。大理は昔から手工芸の盛んな町であり、交易ルートの拠点の一つでもあった。観音会の縁日を由来とする「三月街」と呼ばれる市が今なお盛大に開かれている。

本主信仰

大理のペー族では観音信仰が盛んであるが、仏教を取り入れる一方、民族固有の「本主（ペンチュウ）信仰」を保ってきた。「本主」とは、村の土地神あるいは産土神《うぶすなかみ》のことである。それはある一定の領域を守ってくれる神であり、ほとんどすべての村には「本主神」がいて、それを祀る「本主廟」がある。本主として崇拝される神々は多種多岐にわたり、村ごとに異なる。祀る本主は、ペー族の英雄や祖先であったり、イ族の祖である南詔王、皇帝、歴史上で活躍した将軍などであったりする。したがって、本主は、あくまで地域神（土地神）あるいは村の保護神の信仰である。後述する、主にイ族の信仰である「土主信仰」は、本来、祖先崇拝を基本にするといわれている。その点が土主信仰と異なる点であろうが、地域によっては本主と土主が部分的に重なり、影響しあっている状況もみられるようである。

(3) ナシ族

ナシ族は、かつて、支系を併せてモソ（「磨些」「麼些」「摩梭」など）と呼ばれた。歴史的には麗江を中心とした地域と、寧蒗《ニンラン》・永寧《ヨンニン》地域とに分布してきた。しかし、この二つの地域は、社会発展に大きな差がみられ、二つの地域に住む人々の言語・文化は、日常会話も通じ難いほど、隔たりが大きい。現代では、前者の麗江を中心とした地域に住む人々をナシ族、後者の寧蒗・永寧地域に住む人々をモソ族と呼ぶ場合がある。

標高二四〇〇メートルの麗江は近年、世界文化遺産の一つに指定され、多くの観光客が訪れる名所の一つとなりつつある。農業を主とし、水稲、玉蜀黍、ジャガイモ、小麦、豆類、綿花、麻などを栽培する。女性は「七星羊皮」と呼ばれる民族服を身に着ける。この服は、夜空を表す黒地に北斗七星を意味する七つの丸い刺繡飾りに星の光を表す白い紐が数本ずつ垂れている。胸にたすき掛けのスタイルはいかにも働き者のナシ族の女性たちを象徴している。

ナシ族の婦人たち
(麗江にて。1986 年撮影)

民族文字の世界

歴史的に、雲南では、漢字文化やインド系文字文化などの影響を受けながらも、各民族独自の文字すなわち「民族文字」を形成してきた民族も少なくない。

一九五〇年代の調査によれば、当時雲南省内で確認された民族文字は二三種類にも上り、これらの文字は一一の少数民族の社会で保持されてきたものである。五種類のタイ文字、四種類のナシ文字、二種類のイ(語)文字、チベット文字、そして外国人宣教者が主に布教のため考え出したリス文字、ジンポー文字、さらにはミャオ文字、ハニ文字、ラフ文字、ワ文字、トールン文字などがある。

これら様々な民族文字のなかで、雲南ならびに西南中国の歴史や文化を考察する上でより重要なものは、チベット文字を除けば、老イ文字、トンパ文字そしてタイ文字に関するものであろう。これら老イ文字、トンパ字、タイ文字がいつつくられ、形成されたかについては諸説があり、それぞれ民族の歴史や社会の状況などによって異なるが、いずれの民族もそれぞれ強力な権力（者）構造を背景にして文字史料（書籍）の編纂などが行われたものと考えられる。第三章でも触れているが、イ族、ナシ族、タイ族は自らの政治社会組織を形成しながら中国王朝の土司制度を受け入れる形で、むしろその権力構造を強化してきた面が強い。このような権力者（中国側からみれば土司・土官、民族側からみれば首長）にとって、彼らの民族の歴史、伝承や政治、宗教信仰などを強く書き残そうとする意志、すなわち「自意識」が強固なものであればあるほど自ら固有の文字による文書や碑文（記念物）などを必要としたのではないだろうか。一般にこれら文字を扱っていたのは、主に権力側の文官あるいは宗教儀礼などを取り仕切る祭司たちであった。

トンパ文字

イ文字については、イ族のところで取り上げることにして、ここでは、トンパ文字に触れておきたい。

麗江ナシ族は、漢族、チベット族および周辺の民族の文化を取り入れ、これら文化をうまく融合させてきた。その一方で、ナシ族独自の文化ともいわれる〝トンパ〟文化をつくり出した。

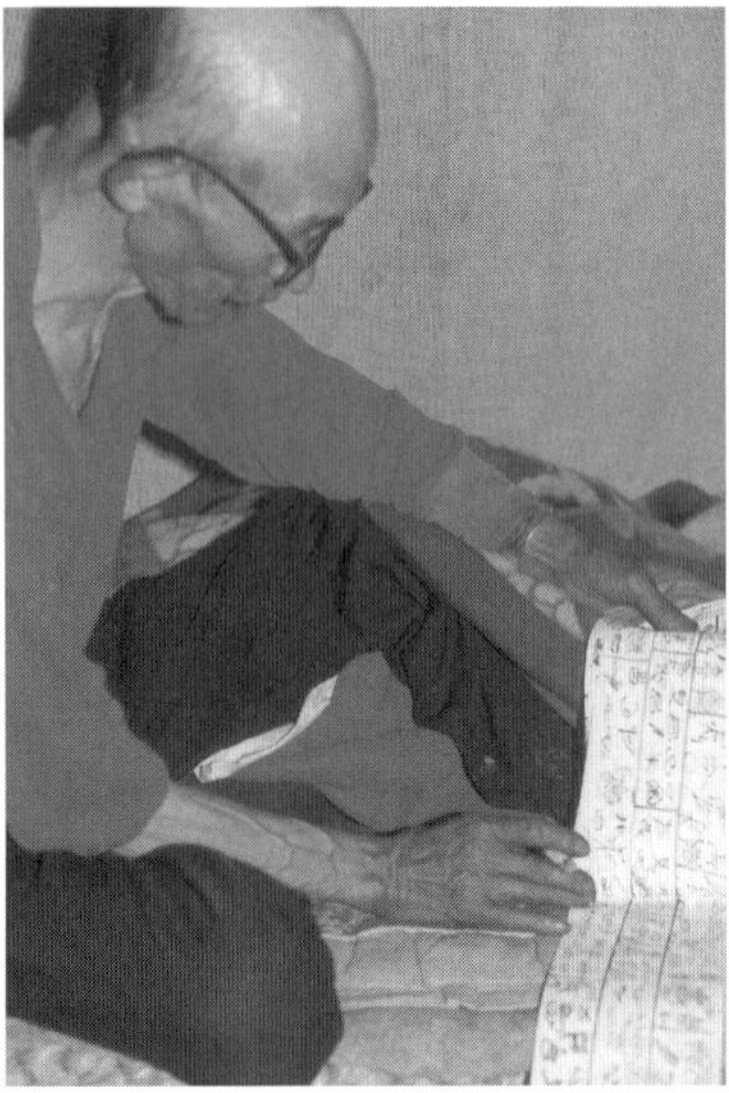

ナシ族の祭司トンパとトンパ文字の経典
（麗江にて。1986 年撮影）

トンパ（漢字表記は「東巴」）とは、ナシ語で「山村で経を諳んじる者」すなわち智者の意味で、祭祀を司る人のことである。ナシ族は、現在までに五種類の文字を有してきたが、そのなかの代表的なものが、それを掌握するのが「トンパ」であるため、一般に「東巴文字」と呼ばれる文字である。トンパ文字は基本的には象形字形を主体とする表意文字であるが、同音仮借による運用が広く行われている。

トンパ文字文献は中国内外で二万冊、ナシ族の歴史・伝承、社会、なかでも宗教儀礼に関する膨大な資料群をトンパが整理し、管理して「トンパ（東巴）経」として纏められてきた。それは、いろいろな宗教儀礼をはじめ、民族に口頭などで伝わる神話や伝説、歴史などの伝承群や、歌謡、舞踏などの民間芸能なども含まれたナシ族の百科全書的なものとなっている。たとえば、『創世紀』にはどのように世界ができ、人類が誕生したかが、『魯般魯饒』には愛情と悲劇の長編叙事詩が、『送魂経』には送魂、招魂を行う際の儀礼と魂がたどる道程（祖先の辿ってきた地名など）が、それぞれトンパ文字で記述されている。

トンパの信仰は、アニミズム（精霊崇拝）やシャーマニズム的要素が強く、祖先祭祀などのナシ族固有の信仰を基盤に、チベットの呪術的土着宗教であるボン教の影響を色濃く受けたものと言われている。さらに、チベット仏教や道教、中国から伝来した仏教など、様々な宗教と習合した宗教と考えられている。ナシ族の彫刻、絵画、音楽、舞踏などの芸術面でも、その宗教的影響は強い。トンパが読経する際には、トンパ独特の唱え方で行うが、これを「トンパの節」といい、ナシ族の音楽に与えた影響は大きい。また、トンパは独特の踊りをするが、一説には三〇〇以上もの踊り方があるといわれる。個人のみならず集団でも「トンパ踊り」を行う。

しかし、このようにナシ族文化に多大な影響を与えてきたトンパは、現在、すでにみな高齢化しており、年々その数が少なくなってきている。トンパ文化をいかに保存し次世代に継承していくかが、緊急の課題となっている。

モソ人の故郷、瀘沽湖

〝モソ〟と呼ばれてきた（自称もモソ）人々が主に居住するのが、雲南省の寧蒗県と四川省との境にある瀘沽湖地方である。そこは、麗江から行くには山から山へいまだ舗装されていない凸凹道を車で走っても半日はかかるという秘境である。蒼く透き通る瀘沽湖《ロコこ》の風景は、とても美しい。

濾沽湖に暮らすモソ人たちが、特にマスコミから注目されるのは、今なお引き継がれている「妻問婚（通い婚）」の習慣と、「母系家族」のシステムからである。このような結婚の制度は、中国語では「走婚」というが、モソ人は「アチュー（阿注）」（婚）と呼び慣わしている。「阿注」とは女性からみた男性の恋人である。逆に男性からみた女性の恋人を「阿夏《アシァー》」という。女性は一三歳になると成人の衣装に着替え、自らの部屋をもって「阿注」を夜に泊まらせることができる。子どもができたら母親（女性）の家で育て、「阿注」すなわち氏族以外の者とは暮らさない。したがって、モソ人の社会では、年長の女性が家長である。客がもてなしを受けるのもこの女性家長の部屋である。一般的に部屋には囲炉裏があって、年中火が絶やされずに焚かれている。モソ人の社会では、火が大切にされ、崇拝されており、囲炉裏の近くには火の神や祖先が祀られている。

このようなモソ人の社会にも近年の近代化の波は押し寄せてきており、今後徐々にではあるが、社会全般が変わっていくだろうと推測される。

(4) チワン族・プイ族・スイ族

チワン族

中国少数民族のなかで最多の人口を擁する同民族は、そのほとんど（約九二％）が広西チワン族自治区に居住するが、それ以外に約六％の人々が雲南に居住する。主に雲南省東南部に位置する文山《ウェンシャン》チワン族ミャオ族自治州を中心に分布する。チワン族は、かつて「百越《ひゃくえつ》」、「越人《えつじん》」などの一部とみなされる農耕系民族で、その言語はタイ諸言語の北方群に位置づけられている。歴史上漢族との接触が多かったため、漢族から多くの影響を受けている。

雲南のチワン族は、チワン語の北部方言を話すが、解放前には「チワン人」とは別扱いであったという。主に「沙人《シャー》」、「儂人《ノン》」と呼ばれる二つの集団から成り立っている。儂人（儂部族）は、宋代に地方官の暴政に反対して蜂起した儂智高《のうちこう》の末裔だと言い伝えられている。一方、沙人（沙部族）は、自称が「布雅衣」（布はチワン語で人の意、すなわち雅衣人）といい、元々は広西の北部から移住してきた人々である。同じ集団が貴州に移住した後、その自称が民族名となったのがプイ族である。この他には、「土僚《どりょう》」（土人・土族）と呼ばれる人々もいる。

チワン族は、モチゴメを好み、日本と同じように、赤飯をつくる習慣がある。それは、「三月三《サンユエサン》」や祖先祭祀など〝ハレの祝祭〟には欠かすことのできない〝ハレ〟の食べ物となっている。このような習俗から、米飯を染めて食べる民族文化が広く東アジアでみることができる。チワン族がハレの時につくる「五色飯」から、中国の陰陽五行の強い影響も感じ取れよう。

農業以外にも、手工業生産が経済生活の重要な位置を占めてきた。鍛冶屋、銀細工師、木工師など、それぞれの技術のレベルは高く、なかでもチワン族の女性は、機織りが上手と言われている。色鮮やかな図柄の布地はすばらしく、なかでも「チワン錦《にしき》」と呼ばれる織物は有名である。

チワン族の人々は歌をうたうのが大好きだという。なかでもチワン族の歌垣「プ・ポ」は有名である。「プ」は市のことで、「ポ」は野外の丘の意味である。すなわち、村の近くの丘で開かれる歌の市のことで、そこには老若男女が集い、それぞれに美声を披露しあう場となる。歌垣がひらかれるのは、春と秋の農閑期に多く、男女の掛け合い歌の場面がしばしばみられた。このような歌垣の習俗から、「劉三姐」の伝説が生まれたのであろう。「劉三姐《リューサンジィエ》」とは、チワン族が語り継ぐ伝説上の女性の歌い手（歌姫）の愛称である。その後、「劉三姐」を主人公にした劇や映画もつくられている。また、稲作に大事な雨乞いの時、「師公《しこう》」という巫師が唱える古い叙事詩「布伯（プボ）」も見逃せない。それは、チワン族の英雄プボが雷神と戦う場面から始まり、他の少数民族（ミャオ族、イ族など）にもみられる洪水・兄妹婚伝承とほぼ似た展開を示している。

プイ族

プイ族というのは、元々チワン族の一つの「支系」集団が川伝いで貴州の南部に入った人々であると言われ、その集団の自称が「プー・ヨイ（布雅依）」なので、〝プ（布）イ（依）〟という民族名称に、民族の識別工作時に一民族として認定された経緯がある。ちなみに、「布」はチワン語で〝人〟の意味である。したがって、布依とは「依人」となり、歴史上では、沙人とも呼ばれた。話す言葉もチワン語の北部方言に非常に近いとされる。しかしながら、それぞれの歴史を重ねることで徐々に違いが生じてきたようで、たとえば、全身黒一色の服装を常とするチワン族に対して、プイ族は男女とも黒地に藍白の格子縞のターバンを巻く。

プイ族の居住の特色については、「依山傍水」という言われるように渓谷と平原地帯に居住することが多い。「ミャオは山に住み、プイは水のほとりに住み、客家（漢族）は町に住む」と言われるほど、プイ族の生活は〝水〟とは切り離せない。その居住する風景は、美しい山水や壮観な景色に彩られている。

プイ族のお祭りは、漢族とほぼ同じで、春節、端午節、中秋節などがあり、民族伝統的なお祭りには、「二月二《アルユエアル》」、「三月三《サンユエサン》」、「四月八《スーユエバー》」、「六月六《リュウユエリュウ》」、「六月二十八《リュウユエアルシーバー》」などがある。これら行事は、道教や仏教の民間信仰に根ざしたものが少なくない。

このような祭りの〝ハレの時〟に欠かせないのが、チワン族同様に、モチゴメである。まずはモチゴメを蒸した粑粑《バーバー》（モチ）、チマキ、オコシなど、モチゴメ食品への嗜好性は高い。

プイ族の手工芸は有名である。なかでも、ろうけつ染めはよく知られ、図案が美しいものが少なくない。チワン族同様に、初生児の出生をもって婚姻の確定とみなし、それまで夫婦は別居する「不落夫家」の習俗が広くみられる。

スイ族

スイ族は、トン族の集居地を流れる都柳江をさらにさかのぼり、貴州ミャオ族プイ族集住地の中まで進出したトン語系統の水稲耕作の人々である。漢族から「水家《スイジャー》」「水家苗《スイジャーミャオ》」と呼ばれてきた人々であり、平地の少ない貴州の川沿いで水稲耕作を行ってきた。自称「アイ・スイ」は水辺の人の意味である。古い時代、東南平地の「百越」の本流から分かれ、西南中国の山地奥に入った人々は、タイ系民族の特色を保持しつつ、その一方で、南アジア語族や「ヤオ族・ミャオ族」にみる山地系原住民の面影も残す民族集団でもある。

三つの方言を有するスイ語であるが、すでにスイ語を話さない地域もみられるようになってはきたが、現在もなお三都水族自治県を中心に日常的に話されているという。一一月の端節の祭などでは、競馬、歌垣などが行われ、このような〝ハレ〟の時には、女性たちは色鮮やかな青い衣装を身に纏う。

漢字を逆転したような表意文字で綴られた『水書（ルスイ）』においてスイ族固有の文字を有するが、日常には使われず、宗教活動などに限定して使うに留まっている。

(5) 回族

雲南回族の歴史は、第三章でも詳しく説明したように、クビライの雲南征服以降、サイイド・アッジャルが長官として赴任してきたことをきっかけに多数のムスリムが移住してきたことに始まる。その後、清代に弾圧をうけて急激な人口減少と分布地域の拡散がみられたが、基本的には各都市とその近郊、特に交易ルート上や鉱山近郊などに居住することが多い。なお、清末の杜文秀反乱鎮圧後に、他民族に紛れ込んだ回族も少なくなかった（彝回、タイ回、ミャオ回など）。回族は、イスラームを信奉するため、モスク（清真寺《せいしんじ》）を囲んで居住することが多く、また特有の飲食習慣があるため、飲食業を営む者も少なくない。そのほか、かつては交易者（特に遠隔地交易者）、革職人、運送業者、各種のサービス業などの職業に就く者が多かった。現在も輸送業、イスラム飲食店、革職人、各種のサービス業をはじめ、企業経営などを行う者もあらわれている。

通海県納家営の回族
（清真寺にて。1987年撮影）

(6) モンゴル族・満族・（漢族、その他）

モンゴル族は、回族と同じように、元代に主に軍事関係者として移住してきたが、その後の歴史において、現在は通海県にのみ集住している。その多くはモンゴル語を話せず、主

雲南モンゴル族が崇拝する像
（通海県興蒙郷白閣村三聖宮。2001年撮影）

に近隣に住む漢族やイ族の言葉を使用する。それでもなお、村の中の廟にはチンギス・ハーンやクビライ・ハーンなどの像を安置して、モンゴル族としてのアイデンティティを保持し続けている。

満族は清代に移住し、そのわずかな子孫たちが主に昆明地区などに居住している。

少数民族ではないが、漢族についても触れておくならば、早くから雲南のいくつかの壩子に移住したが、本格的には明代に入って大規模な屯田開発などに伴い増加の一途を辿った。現在はほとんどの都市の主要な住民の一つとなっている。

(7) イ族

高原山地系民族、イ族は土と木を用いた「土掌房《トウージャンファン》」と呼ばれる土作りの家屋に住む。なかでも雲南、四川の境に跨る寒山地のイ族は、ソバや燕麦《えんばく》などを主食に、豚料理を彼ら独特の漆器で食べる。箸は使わず、手あるいはシャモジを使う。彼らイ語系諸族は、毎年旧暦六月二四日前後に作物の豊作を予祝するために、「松明《たいまつ》祭り（火把節）」を行う。この時期は彼らの暦では正月にあたるともいわれており、村々の青年男女が松明を持って家々や畑を練り歩き、歌い踊るのである。火の信仰は彼らの生活に根づいている。なお、イ族のなかには早くから壩子に居住分布する民族集団もいる。

黒い人と白い人

雲南の少数民族には、「黒い人」とか「白い人」などと自称する民族集団がいる。それは第三章の歴史で述べた「烏蛮《うばん》」、「白蛮《はくばん》」という集団の歴史上の呼称とも深く関わっているのかもしれない。自ら黒い人と名乗るのは、「烏蛮」の子孫と考えられるイ語系諸民族が多く、なかでもイ族の支配的民族集団ノス（No-su）の人々はその好例である。イ語でNoは黒、suは~的という意味がある。ちなみに人はphoという。Noは地域や方言によってNa、Ne、Nuなどに変わる。このNoはイ語の古称ではNiともなり、NとLは発音上近く、また

麗江の町で見かけたイ族（黒イ）の女性たち
（1986年撮影）

現地では区別が難しいとも言われているため、ロロポ（Lo-lo-pho）と自称するイ族の民族集団との関係も注目される。イ族はかつてロロ族とも呼ばれていた。イ語のNoはナシ族のNa（黒い）―xi（人）に通じ、またラフ族内のラフナー（Lafu-na）のナー（na黒）とも同じ意味を持っている。したがって、ラフナーは黒ラフという意味である（ラフ族については後述）。

一方、自ら白い人と名乗るのは、「白蛮」の子孫と考えられ、歴史上の「白子国」の後継ともみなされる白族（ペー族）の人々である。彼らの自称はまさに白子（ペーツ）、白和（ペーホ）、白尼（ペーニ）などである。また、主に四川省に居住するチャン（羌）族の言語に近い言葉を話すプミ族は、居住地域によって自称があり、蘭坪・麗江・永勝に住んでいる人々は「プインミ」と称し、寧蒗に住む人々は「プリミ」と呼称する。これら自称はいずれも「白い人」の意味である。さらに、同じイ族でもノスと呼ぶ「黒イ」族に支配された人々は一般に「白イ」族と呼ばれ、広く雲南南部の山地あるいは平地に分布する。

これら「黒い人」と「白い人」は、多様な雲南少数民族の世界を象徴する人々であろう。

火と水の祝祭

雲南各地に居住する少数民族の社会では、今なお様々な祭祀が行われている。その祝祭（日）の根底にあるものは、家族ならびに村民の健康で安全な生活を送ることであり、そのための豊作の祈願などである。

イ族の火の祭り「火把節」は、中国語では「フォバージィエ」と呼び、日本語では「たいまつ（松明）祭り」と一般的に訳されている。この祭りは、イ族のみならず、ペー族、ラフ族、リス族、ナシ族などのイ語系諸民族の間でも行われる。祭りが行われるのは、旧暦（農暦）六月二四日もしくは二五日である。

イ族（白イ）の「松明祭り」における若者たちの歌と踊り
（楚雄にて。1985年撮影）

イ族の社会では、独自の暦法をもち、一年を一〇か月に分け、一か月を三六日とする。日付を十二支で表わし、一二日を一週とし、ひと月を三巡りする。一年は一〇か月で、三六〇日となるが、残りの五・六日は年越しの期間とし、大小の二つの新年に分ける。これら新年は、北斗七星の柄杓の柄が上を指す時、下を指す時を目印とすることから「星回節《せいかいせつ》」と呼ばれる。新年の一つは、一年中で一番暑い時、すなわち火把節の行われる旧暦六月二四日前後であり、もう一つは一年で一番寒い時期すなわち正月（旧暦、中国では春節）である。したがって、イ族の暦では、旧暦の正月を大新年、この時期を小新年とし、一年に二回の新年があるとする。

「火把節」の日になると、イ族やペー族などの村では、家々の門前に松明を立て、村の広場には大松明を立てる。その大松明は、一〇メートル前後に達する松あるいは柏の大樹で、色とりどりに飾り付けをする。夕食がすみ、村に銅鑼やラッパの音が響きだすと、老若男女は門前の松明に火をつけ、広場に集まる。大松明が点火されると、若者たちは三絃《さんげん》、月琴《げっきん》、蘆笙《ろしょう》、笛などの伴奏にのって踊りだし、老人たちは酒を飲みながら歌いだす。その後、人々は手に手に松明を持ち、列をなして田畑の間を巡り歩く。これは、害虫を駆除し作物の成長を祝祭することを象徴しているという。

「火把節」にまつわる伝承は多い。例えば、イ族でもいくつか異なる伝承があるが、そのなかの一つには、次のようなものがある。昔、極悪非道な土司に立ち向かう勇敢な青年がおり、九九人の村人とともに真夜中に羊の角に松明をくくりつけて、土司がいる要塞めがけて突進させると、土司はあわてふためき、その間に一気に要塞を攻め落とした。それ以来、毎年この日に「火把節」を祝祭するようになったという。

この話に類似したものとして、南詔の王にまつわる伝承がある。六詔のなかでも蒙舎詔（後の南詔）の王は性質の悪い野心家で、他の五詔の攻略を進めていた。ある年の旧暦六月二四日に蒙舎詔の王は油脂《ゆし》を含ませた松木で櫓《やぐら》を建てさせ、他の詔の王たちを招き、宴の最中に火を点けて焼き殺してしまった。一人だけ機転を利かせて、事前に夫に腕輪をつけさせ、それによってその亡骸を速やかに見つけ出すことができた夫人がいた。夫人は領地に戻り挙兵したが、奮闘空しく亡くなってしまう。人々は六月二四日が来る度に櫓式の大松明を建てて彼女を偲び祭るという。これはペー族に伝わる伝承である。

これら二話に共通する点は、為政者あるいは支配者に対する民のある種の〝抵抗伝承〟であろうか。それは同じイ族でも涼山地域のノス（黒イ）が伝える、英雄アティラバが凶神を退治した報復に天神から下界に放たれた大量の害虫を、人々が松明で駆除したことを記念してこの祭りが始まったとする伝承にも、その共通点をみいだすことができるだろう。

いずれにせよ、この「火把節」は古代から伝わる火の祭祀を基本としており、日常生活の平穏無事や作物の豊かな収穫への願い祝う習俗を留めた行事であるといえるだろう。

この「火把節」と、先に取り上げたタイ族の「潑水節」は、それぞれ異なる民族の社会と文化によって伝えられてきた祝祭であるが、火や水で害虫やケガレを払うという宗教的行事ととらえることができる。また、それぞれの民族の火と水への深い信仰を感じ取ることもできよう。〝火の文化〟は、雲南の高原農牧民文化の一部として今なお点り続け、「羌の文化」や北方文化にそのルーツを辿れるかもしれない。また、〝水の文化〟は雲南の河谷水稲耕作民文化の一部として流れ続け、かつての「百越の文化」さらにはかつてのインド仏教文化まで遡れるかもしれない。

イ文字

イ族社会で創造され、伝えられてきたイ文字は、かつてロロ文字とも称されたが、一般的に伝統的彝文字は「老彝文《ろういぶん》」と呼ばれ（口絵参照）、老イ（彝）文を基礎に整理された「規範彝文」、すなわち新イ文が四川省涼山地区を中心に現在使用されている。イ文字の起源については諸説あり、古くは紀元前五〇〇〇年～三〇〇〇年頃の仰韶文化と関連づける説もあるが、主に元代から明代にかけて創作ならびに集大成されたと考えるのが一般的であろう。その背景には、各地の土司すなわち主にノス系首長の権力構造との深い関わりがあったと考えられる。これまで、雲南で一万四千字、貴州で七千字、四川で八千字、広西で六百字余りあることが確認されている。

なお、一九〇〇年の初め雲南と境近くの貴州省威寧《イニン》地区を中心に伝道活動を行っていたサミュエル・ポラード宣教師が当地のミャオ語を基礎に考案した文字（ポラード文字）がある。同地方でキリスト教を信仰するイ族の間でも使われていたという。

実際のイ文字は、独特なかわいらしい文字である。これら文字は、当初多くの象形字形を使った表意文字段階を経て、表音節文字段階に進んだと考えられている。現存する彝文文献は各地のイ族社会で大量に流伝している。イ語の六大方言のうち彝文文献を伝承しているのは北部、東部、東南部、南部の地域であり、なかでも北部ならびに東部から東南部、南部の一部に分布する支配的集団ノス（黒彝）の分布地域とも重なりをみせる。

方言ごとに文字の様式が微妙に異なるが、これらイ文字を掌握するのは主に「ピモ」（畢摩）と呼ばれる祭司である（口絵参照）。ピモは彝文文献を通じてイ族の歴史（なかでも土司や首長たちの家系や系譜に関わる伝承など）、文化、なかでも宗教儀礼などに精通しており、重要な文献類を管理してきた。

ピモはよく巫師と解釈されるが、厳密にいえば巫師ではなく祭司である。イ族社会にはさらに「スニィエ」と呼ばれる巫師がいる。「スニィエ」は文字の読み書きができず、太鼓を打ちながら飛び跳ねるなど所謂シャーマン的呪術を行う。

土主信仰

土主信仰とは、イ族が「大黒天神」や南詔王、そしてそれぞれの土地神などを祀る信仰である。その祭祀場が土主廟である。元々は、南詔の始祖細奴羅《シヌルオ》を祭祀することなどから始まったのではないかと考えられ、南詔国王が取り入れた外来の密教への信仰とも重なり、密教の本尊の一つである大黒天神を祀るようになっていったと思われる。大黒天神とは、マーカーラと呼ばれ、インドの神シバァともみなされている。密教のなかでは大黒天神は、護法神であり戦闘神である。

現在のイ族の村々にある土主廟は、それぞれの土地神も祀るようである。同地方で最も有名な土主廟は、官渡《かんと》土主廟である。その歴史は古く、南詔国王鳳伽異が拓東城を築く時期（七五六年前後）

に建立された。現在のものは、清の光緒一四（一八八八）年に再建された。なお、官渡とは昆明市街地から南へ約五キロメートル離れた、元の頃より栄えた滇池の重要な港町で、金剛塔・妙湛寺・法定寺・観音寺など由緒ある仏教遺跡・仏教寺院を有する歴史ある小さな町である。この土主廟では毎年六月に「土主会」を盛大に行うが、もともと廟とは、祖先の霊・高貴な人や土地の神などを祭る所、祀った社である。

(8) チベット族

高山高原系民族のチベット族は、寒冷地に住むため、石や土などで造った二層ないし三層の平屋根式の家屋に住む。主食には青稞《チンクー》（ハダカオオムギ）とエンドウ豆をバター茶でこねた「ツァンパ」を好んで食べる。彼らにとって茶は欠かすことができないもので、古来、雲南亜熱帯の山地で生産された「磚茶」がその集積の街、普洱《プーアル》（普洱茶はこの街の名に由来する）から大理経由で北上する交易ルートでチベット族地区に運ばれた。いわゆる「馬幇《マバン》」による茶馬交易である。

チベット族は、雲南からチベットのラサを結ぶ茶馬交易の中継地でもあった中甸県を中心に分布した。近年、中甸地方政府がその行政名を香格里拉（シャングリラ）県に変更したことが話題となった。一八三〇年代の小説『失われた地平線』（ジェームズ・ヒルトン）で描かれた理想郷シャングリラは我々の地方であるとした。現在のシャングリラ県は、標高三四〇〇メートルにある迪慶《ディーチン》チベット族自治州（一九五七年九月成立）の中部に位置する州都である。主にチベット族を中心に、漢族やペー族、イ族など一〇の民族が居住する。ではなぜこの地方がシャングリラと呼ばれるようになったのであろうか。

シャングリラとは、チベット仏教の経典に出てくるシャンバラ王国にその源が求められ、チベット仏教の最高境地とみなされている。サンスクリット（梵語《ぼんご》）で「理想郷」を意味するシャングリ・ラ伝説が欧米をはじめ世界で広まりをみせるなか、一九三〇年代にジェームズ・ヒルトンの小説『失われた地平線』が出版された。そのなかでシャングリラと呼ばれる地方が、人間の楽園、桃源郷のように描かれた。この小説に描かれたシャングリラこそ、主にチベット族が居住する中甸のことであるとして、中甸地方政府は二〇〇一年にその行政名をおもいきって中甸からシャングリラ（香格里拉）県と改めたのである。そこには当然、今後の観光事業に対する思惑もあったのであろう。

チベット族と松茸

意外に日本では一般に知られていないが、雲南は日本人が秋の味覚として珍重する松茸の産地である。雲南のなかでも、楚雄イ族自治州の山々とこのシャングリラチベット族地方が、特にその産地として有名である。このような秘境の〝松茸産地〟を日本の商社が見逃すはずもなく、たとえば一九九六年の日本向けの雲南産松茸は約七〇〇トンにも及んだという。近所のスーパーで中国産松茸をみかけたら、このチベット族地区からはるばる運ばれてきた〝貴重な松茸〟かもしれない。このシャングリラ市内には松茸総合交易市場というものさえすでに存在している。迪慶自治州としても、重要な外貨獲得の手段であり、二〇〇八年八月から、中国南方航空によりシャングリラ〜広州〜日本の大阪の松茸輸出直行航空路が設置されたという。シャングリラから大阪まで二一時間で松茸を輸送するそうだ。日本人がこのチベット族地区で松茸が安く手に入ることを知ってしまった以上、この地区は、これまで同様に〝静かな秘境〟というわけにいかなくなるだろう。元々、現地の人々は松茸に特別な感情などあるはずもなく、単なるキノコの一つでしかなかった。実際に松茸を取るのはチベット族の農民であるが、彼等は冬場の食料の一つとして、乾燥させて食べてきたにすぎなかった。ところが、ある日それが「金の成るきのこ」に変貌してしまった。みんなが我先に松茸を取り始めたのは想像に難くない。それからまもなくして、あちらこちらに俄かに降って沸いた「松茸成金」が出現し、チベット族の松茸御殿すら建てられるようになった。しかし、その一方で山での乱獲などによる環境破壊も深刻化しつつあり、現地政府も対策をたてているという。今後、はたしてどうなっていくのか、私たち日本人の食と関わることであり、注視する必要があるだろう。

⑼ハニ族・リス族・ラフ族・プミ族

ハニ族

古くは、「叟人《そう》」と呼ばれ、後に「和夷《ホイ》」と呼ばれる「羌」の一派は、次第に南に移住し、七世紀の頃、今の雲南省哀牢山、無量山一帯に住むようになったと言い伝えられている。その間、タイ族から水稲耕作を学び、現在すでに農耕民化している。解放前、ハニ族は土司に支配されており、各地のハニ族社会で君臨していた土司が多い時は一八も数えたという。

現在は、主に雲南南西部の礼社江下流、紅河西側の哀牢山中腹などに分布している。ハニ語の三つの方言差は大きい。最も多く住んでいるのは、ベトナムに流れる紅河沿いの哀牢山山地で、現在の紅河・元陽・緑春・金平の四県を中心とした紅河ハニ族イ族自治州内である。気候は、温和で山々の中腹に棚田（階段状の水田）をつくる。同地方の人々の自称はハニ（哈尼）である。この同じ系統には、さらにウォニ（窩尼）、アイニー（僾尼）と自称する民族集団がおり、主にシーサンパンナ（西双版納）タイ族自治州に分布する。別の方言集団には、自称ホニ（豪尼）あるいはパイホン（白宏）の人々がいて、江城地方に分布する。三つ目の方言集団としては、主に墨江に分布するピヨ（碧約）あるいは「触多《チュードー》」と自称する人々である。

ハニ族は、「茶と米をつくる山地系民族」と形容されるように、高い山、長い川という地理的強みを生かして、一年中絶えることのない渓流の水と谷の水を段々畑に引き入れ、完全な天然灌漑網を作り上げている。その幾重にも続く水田にキラキラと太陽の日が輝く様はなんとも言えない壮観さである。水稲を栽培する以外にも、いろいろな経済林、茶畑の栽培にも力を入れている。なかでも雲南の名品種「プーアル茶（普洱茶）」を栽培し、主にアイニー（僾尼）族が多く住む勐海《モンハイ》県（西双版納）の南糯山《ナンノウ》は茶の名産地として有名である。

ハニ族は、山の中腹に住み、山勢に依って村寨を建てる。村の出入り口には、鬼と人間の住む聖域を仕切るための門をたて、家屋は石で基礎づけられ、土壁でつくる。

祝祭日は、伝統的な「十月年」（十正月）と「六月年」（六正月）の他に、漢族と同様な春節、端午節、中秋節などがある。まず、一〇月を年の初めにしているため、「十月年」を「大年」の正月と呼ぶ。一方、「六月年」は六月に行われる「小年」の正月で、時期は旧暦の六月二四日前後の「火把節」の時期に当る。ハニ族は、「苦渣渣《クツァツァ》節」と呼び、田植えの後に秋の実りを祈る予祝祭である。祭りのハレの食べ物は、モチゴメ、赤米などである。

アニミズムを信仰し、「貝瑪《ベイマ》」あるいは「米谷《ミーグー》」と呼ばれる祭司が宗教儀礼などをとり行うが、日頃から村の中心的場所にあるアマアツォ「阿瑪阿搓」と呼ぶ神木を崇拝（参拝）の対象とする。雲南の少数民族の社会では、このような神木（樹）信仰は広くみられ、これら神木を「竜樹」とも呼び習わす。衣服は青色が多く、男子は黒色の頭巾を被る。青年男女は自由恋愛で、結婚は父母の承認が必要であり、一夫一婦制が基本である。また父子連名制の名残を留める。ナシ族「遊悲」ユウペイと同様、家長から押し付けられた結婚を嘆く「哭婚調」という民謡が伝わる。

リス族

かつて弓の名手として名高い民族であり、〝リス〟とは自称で「高貴な人（族）」などの意とされる。イ族とともに古代の「羌」の分派と考えられ、かつての「烏蛮」の一部を成した。その後、ナシ族などの土司の支配から逃れるため、怒江《ヌージャン》地方（現在、怒江リス族自治州を中心に居住）など西方に移動し、清代にはその一部が南下して徳宏地区へ、さらに東南アジア諸国まで移住した。

農耕を主体に採集、狩猟を行っていたが、かつては主に焼畑耕作に依存し、ソバ、トウモロコシ、一部コメなどを主要作物とした。村落は異なる姓氏の家族から成り、〝チュオ〟と呼ぶ氏族（クラン）組織を構成し、それぞれ動物や植物のトーテム（象徴）を有していた。

峡谷沿い山地から南下するにつれ、タイ族からの影響を受けて水稲農耕民化していった。かつては万物に精霊の存在を認める自然崇拝が主流をなし、特に「カミの霊」や「邪鬼の霊」に最大の関心が払われた。開墾、新築、狩猟などを開始する前に、必ず「尼扒《ニバ》（巫師）」に占卜を頼み吉凶を占う習慣となっていた。一九世紀以降、イギリスのミャンマー（ビルマ）植民地化に伴い、キリスト教の布教活動が一部のリス族社会に及んだ。

民族独自の文字が無かったため、歌で狩りの知識や民族の歴史などを伝えてきた。焼畑耕作の段取りを歌う「生産調」（仕事の歌）や、恋歌の「重逢調」（巡り逢いの歌）、そして「逃婚調」（駆け落ちの歌）などからリス族の生活と歴史の一端を知ることができよう。

ラフ族

〝ラフ〟は自称で、「ラ（虎）を狩猟し虎肉を食す（程に勇敢な人々）」などの意味があるとされる。これら人々は、ラフナー（黒ラフ族）、ラフシー（黄ラフ族）、ラフプー（白ラフ族）の各自称集団に分かれる。

ラフ族の祖先集団は、イ族と同じかつての「羌」の一派として、雲南まで徐々に南下移動を繰り返した。唐代頃より、さらに瀾滄江沿いに南下、東西に分岐したとされる。すなわち、瀾滄江以東の地方に移動したのがラフシー（黄ラフ族）である。ラフシーの方が漢族との接触民族も多く、地域によっては水稲耕作化している。一方、瀾滄江以西の地方に移動したのが、ラフナー（黒ラフ族）である。タイ族統治者の山地民支配の下で、焼畑、狩猟、採集などの経済生活をおくり、平地民であるタイ族から「ムッソー」（狩人の意）などと呼ばれた。

婚前の恋愛は比較的自由である。かつては、祭りなどで男女が交互に歌を取り交わす〝対歌〟の習俗がみられた。婚姻後、夫は数年間、妻方に居住して働く、いわゆる妻方居住制をとっていた。

主な祭日（節日）には、春節、端午節、火把節（松明祭り）、「献新米節」、「分猪肉節」、年節などがある。万物に精霊の存在を認め、多神を信仰する。天神ウーシィアをはじめ、その妻の地神メイナーマ、雷神、村神、家神など様々な神の話が伝わっている。創造神である天神が自らの身体で天地を造り、最後に自らの左眼で太陽、右眼で月を造る壮大な物語や、この創造神オシャが悪神として登場し、それに対抗する巨人チャヌチャペの英雄的活躍話もある。二〇世紀以降、キリスト教が伝わりラフ族の一部で信仰されている。

プミ族

伝説によれば、古代「羌」が元々青海《チンハイ》、チベット高原に住み、青海、甘粛《かんしゅく》、四川地方に居住した。その後、モンゴル軍とともに中国西南部、そして雲南へ辿り着いた。彼らは、元代以降に「西蕃《シーファン》」と呼ばれた。中華人民共和国成立後の民族識別時には、北部方言の集団がチベット族とみなされ、南部方言の集団がプミ族と認定された経緯がある。「プミ」とは自ら白い人の意味である。

平均居住高度は、海抜二二〇〇メートルから三五〇〇メートルの間である。気候は涼しく、雨量は多い。かつては農業を主とし、牧畜業も営んでいた。耕作地は主に山地で、河谷地帯は少なく、水田はきわめて少なかった。トウモロコシ、青稞《チンクー》（ハダカオオムギ）、蕎麦、ジャガイモなどを生産する。ヤギを飼育して自給的暮らしを送ってきた。山の神に代表される自然界の諸霊を信仰し、同時にチベット仏教も崇拝してきた。お祭り（節日）には、山の神の祭祀である「転山節」が七月一五日（あるいは春節の時期）前後に盛大に行われる。

⑽ トールン族・ヌー族・アチャン族

トールン族

ミャンマーとの国境に接する雲南省貢山トールン族ヌー族自治県内を流れるトールン河沿いの山岳地帯に居住する。

歴史上、「俅《きゅう》人」・「俅《きゅう》子」と呼ばれ、一九五二年に自称トールンが民族名として認定された。歴史的にはヌー族とリス族などと関係が深い。言語は、ジンポー語やヌー語に比較的近く、貢山ヌー語とは基本的に相通じる。

解放以前、農業の生産性も低く、主に焼畑、採集、狩猟、漁撈にも依存していた。明清時以来、周囲の有力民族、ナシ族、リス族などの土官（首長）に支配され、生活は困難を窮めた。かつて「其拉（チーラ）」と呼ばれた父系血縁組織を基本とした村落が政治・経済の単位を成していた。宗教信仰は、万物に精霊の存在を認める自然崇拝が主であり、納木薩（ナムサ）すなわち巫師により天神、地神、山神、そして邪神などへの祭祀が行われる。「卡雀哇《カチェワ》」はトールン族の最大の祝祭日である。

ヌー族

怒江渓谷に住む山地農耕民族である。居住する地方は、気候は温和で、雨量豊かな土地である。怒江リス族自治州の福貢、貢山トールン族ヌー族自治県、碧江などに分布する。主に同地域を貫流する怒江の両岸山岳地帯に居住するトールン族は山奥、ヌー族はより開けた土地に居住している。

自称は、地域によって異なる。福貢地区では「アノン（阿儂）」、貢山地区「アロン（阿龍）」、碧江地区「ヌース（怒蘇）」、六庫地区「ルオロウ（若柔）」の四つの系統すなわち四大方言である。貢山地区「アロン（阿龍）」はトールン語と近く、各地のヌー族は隣接民族であるリス語に通じる。

生業は、農耕を主体としたトウモロコシ、蕎麦、粟、青稞《チンクー》（ハダカオオムギ）などの雑穀類を主食とし、一部狩猟を行う。村落は大きくて四〇〜五〇戸、小さくて一〇戸程度で、各村落間は「チィ（起）」と呼ばれる氏族（クラン）集団を組織していた。それは氏族制社会の遺制ともみなされている。かつては氏族（集落）はトーテム名をもっていた。末子相続で、無文字社会であった。神話や歌謡などの伝承が豊富に保持されている。例えば、兄妹婚型洪水神話などである。自然崇拝や祖先崇拝を基本とする多神教を信仰し、一部、チベット仏教、キリスト教を信仰する。

アチャン族

祖先集団は早くから雲南西北の金沙江、瀾滄江、怒江の流域一帯に住んでいた。後にその一部が移動して怒江西岸を経由して、徐々に南下して現在の隴川県のフラサ平原に定住したという。気候が温和で肥沃な小盆地で水稲耕作を柱とする農耕を営む。アチャン族もかつて平地民であるタイ族（こちらは徳宏）の勢力下にあった。

阿昌は他称で、自称は戸撒一帯では「蒙撒《モンサー》」、梁河一帯は「漢撒《ハンサー》」である。今世紀半ばまで、タイ族の土司の影響下にあった「蒙撒」は、上座部仏教が広く浸透し、タイ語を半数近く理解できるという。しかしながら彼らは、アチャン族特製の「刀」を雲南各地に売り歩いてきたので、漢語にも精通する。戸撒地方の名前を冠したアチャン族伝統の「戸撒刀《とさとう》」の鍛冶技術は、明代の軍屯で遣って来た漢人から伝わったと言われている。一方、「漢撒」は、漢族との接触も多く、その七割が漢語を理解できるという。アニミズムが基本的宗教活動で、父系出自の観念が発達している。

アチャン族には口頭で伝えてきた豊富な神話があり、なかでも民族の起源神話では、天父ジャパマと地母ジャミマが登場する。ジャパマは自らの左の乳房をひきちぎって太陰山（月の帰宿）とし、右の乳房をひきちぎって太陽山（太陽の帰宿）とした（以来男は乳房がなくなった）。二つの山の間に樹を植えてその周囲を太陽と月が回るようにした。ジャミマは顔面の毛を抜いて大地を織った（以来女はヒゲと喉仏がなくなった）。血は海となり、肉は大地を盛り上げ山となった……。

⑾ ワ族・ジンポー族・プーラン族・ジノー族・ドアン族

ワ族

集住する地域は、滄源、西盟ワ族自治県と孟連タイ族ラフ族ワ族自治県の一部「阿ワ山」であり、かつて前者は自称「ア」の〝おとなしいワ族〟の地区であり、後者は自称「アワ」、「プラウ」の〝野生のワ族〟の地区と呼ばれた。

後者の野生のワ族は、平地民との接触が少なく、精霊信仰や首狩りなどの慣習を保持した。野生のワ族が行った首狩りは、人間の首を守護霊に捧げ、作物の豊饒、村落の安寧を祈るという精霊信仰に基づく。一九四〇年頃まで行われていたという。

一方、前者のおとなしいワ族は、平地民化したタイ族や漢族から強い影響を受けている。仏教やキリスト教を受容し、首狩りの慣習を放棄した。

アワ山区のワ族は、かつて焼畑耕作をし、陸稲・トウモロコシ・馬鈴薯などをつくる栽培民であった。宗教もアニミズムを基調とし、牛と木鼓がシンボル的に重要な要素をもってきている。牛は富の象徴であり、祭祀のための重要な供犠《くぎ》動物である。木鼓はワ族の始祖がそこから誕生した神話に纏わっており、民族として重要なアイテムとなっている。かつては、祖先などの祭祀の際には木鼓をたたきながら、牛を供犠して、村人全員で「共食《きょうしょく》」していた。

このようなワ族の神話には、太古の時、大海に葫蘆（ひょうたん）と赤牛を乗せた巨大な木の葉が漂流していた、と語る。腹を空かせた牛は海水を飲んでは葫蘆を舐め続けると、葫蘆はついに破れ種子が大海に落ちた。すると陸地が出現し、大地の中心のスカン山に大きな葫蘆が実った。葫蘆から人類が誕生したという。

ジンポー族

ミャンマー（ではカチン族）から国境を跨る山地に広く分布するジンポー族もタイ族の間接統治を受けたが、主に徳宏タイ族ジンポー族自治州内の熱帯、亜熱帯に属す海抜（標高）一五〇〇メートル前後の山地に自然村（村寨）をつくって居住する。一部怒江リス族自治州にも分布する。

解放以前、漢族から「野人」「山頭」と呼ばれ、それぞれジンポー、ツァイワ、ラウォ、ラツィなどと自称する集団がいた。彼らの起源神話、移住史の伝承によると、チベット高原地方から、一四・一五世紀頃徳宏地区に移動し、その後現在の居住地域まで南下してきたという。

かつては焼畑耕作を中心に、アワか陸稲などを生産した。雨量も充分な地方のため、徐々に水稲耕作が始まり、解放前には棚段の水田までつくるようになっていった。

社会組織は、一夫一婦制父系出自集団を単位とし、婚姻は母方交叉イトコ婚、すなわち母方のオジの子ども＝イトコとの結婚を優先する。

解放前、アニミズムを基調として、「トゥンサ」と呼ばれた巫師によって、病気の呪い、婚葬の占い、農耕儀礼など様々な祭祀が行われた。村の重要な祭礼の時には、生贄として十数頭の牛を殺す儀礼（剽牛）が盛大に行われた。牛を生贄として殺し共食する習俗は、西南中国の少数民族に広くみられる。ジンポー族での最大の祭日は、「ムーナオツォンク（目脳縦歌）」である。旧暦正月の頃行う、天上の神霊の一つ「木代」の祭祀を始まりとし、後に「木代」は山官の守護霊となっていったが、中華人民共和国成立後はジンポー族の祭日となった。孔雀の羽をさした長老を先頭に入場し、二本の大刀をかけた雌雄一対の柱とその脇に立てた一対の美しい板柱を囲んで人々は踊る。

プーラン族

プーラン族もタイ族土司の支配下にあり、ドアン族よりさらにタイ族から影響を強く受けた民族集団であった。西双版納タイ族自治州、勐海県にある布朗山、西定、巴達地区に居住する。海抜（標高）一五〇〇メートルから二五〇〇メートルの山地に多く住んでいる。同地方は温和な気候であり、五月から一〇月まで雨季で、雨量は多い。

歴史の文献では、「蒲蛮」あるいは「蒲人」とも呼ばれ、解放後、プーラン族に統一された。伝統的に、焼畑耕作による陸稲、トウモロコシ、雑穀、茶、綿花などを生産する。なかでも、人々は酸魚と竹の子の酢漬けは大好物だという。またプーラン族が多く住む布朗山といえば、プーアル（普洱）茶の生産地の一つである。タイ族との関係が密接であるため、上座部仏教を受容し、寺院（ワット）をたてる。上座部仏教を信仰すると同時に、祖先崇拝や精霊信仰もみられる。

ジノー族

伝説によれば、ジノー族は北方よりやって来て、西双版納の勐遮《モンジュ》と勐養《モンヤン》を転々として、最終的に基諾山に居を定めたという。別の伝説では、彼らの祖先は諸葛孔明の雲南遠征に従って来たという。基諾山は別名攸楽山《ゆうらくざん》と呼ばれた六大茶山の一つとされ、茶の栽培で有名である。同地方は、西双版納タイ族自治州の景洪県にあり、一九五〇年頃までタイ族土司の支配下にあった。

ジノー（基諾）は自称で、漢語では「攸楽」と訳された。中国で五五番目に認定された少数民族でもある。焼畑耕作、狩猟、採集を行い、氏族社会の名残を残す。商品作物としての茶の栽培も盛んである。かつては、父系大家族によるロングハウスなどもみうけられた。

ドアン族

ドアン族はミャンマー（ビルマ）のシャン州北部の山地を中心に分布しており、雲南に住む人々はその一部であり、民族的にワ族に近いといわれている。タイ族の土司に支配され、文化的に強い影響を受けてきた。かつて一時期パラウン族（崩龍族）と呼ばれていた。パラウンとは、ミャンマー（ビルマ）人の呼び名で、自称はルマイである。一九八五年にドアン族（徳昂族）と民族名を改めた。徳宏《ドゥーホン》タイ族ジンポー族自治州、潞西県の三台山、臨滄《リンツァン》地区鎮康県の軍弄、南傘などに居住する。

山地に棚段の水田を開き、水稲耕作を行う。茶、蕎麦、ケシなどをつくり、お茶（栽培）は重要な換金作物であり、生活の維持には欠かせない。アニミズムの信仰とともに、上座部仏教を信仰し、ほとんどの村々は、仏寺と僧侶を有する。祝祭日はほぼタイ族と同じであるが、ドアン族特有のものには「祭穀娘」がある。これは、穀物の女神を祀る重要な祭祀である。

⑿ミャオ族・ヤオ族

ミャオ族

かつて中国の為政者側は、同族の女性の服飾による色の違いによって、「黒苗《ヘイミャオ》」、「白苗《バイミャオ》」、「青苗《チンミャオ》」、「紅苗《ホンミャオ》」、「花苗《フウアミャオ》」などと呼称し分類した。方言集団からみると、大きく三つある。一つは湖北西南部・湖南西部・貴州東北部に住む自称「コ・ション」の「紅苗」の人々、二つ目は貴州東南部・広西に住む自称「ムウ」の「黒苗」の人々、三つ目は四川南部・貴州中西部・雲南にかけて広く分布する自称「モン」の「白苗」・「青苗」・「花苗」の人々である。

雲南にいつミャオ族が移動してきたのかについてはいくつかの説があるが、明代から清代にかけて貴州、四川、広西などから移住してきたとする見方が一般的であろう。雲南に移動してきた集団は、上記のミャオ族のうち、「モン」と自称し、漢族などから花苗（自称モン・チョウ）、白苗（モン・トー）、青苗（モン・スー）と呼称された人々が中心であった。

「紅苗」と「黒苗」の村落は集村形態が多く、主に棚田を利用した水稲耕作に従事し、副業として林業を営む。一方、「白苗」、「青苗」、「花苗」の村落は散村形態が多く、主に山住みの畑作が中心である。トウモロコシ、高粱《こうりょう》、豆類、イモ類、タバコ、麻、落花生などをつくり、油茶《ヨウチャー》や油桐《ヨウトン》（オオアブラギリ）なども生産する。なかには、山から山へ焼畑を行って移動を繰り返し、国境を越えて東南アジア諸国の領内へ移動する民族集団もいた。

アニミズムを信仰し、牛を生贄として殺す祭礼を尊重する。龍は水の神でもある。したがって、牛と龍は、ミャオ族の農耕部族社会生活上の重要なシンボルである。それは、ミャオ族が所有する青銅器や銅鼓の紋様にも表われている。男女の恋愛は自由といわれ、イエ・ファンと呼ばれる歌垣の習俗や、笙《しょう》の舞などが広くミャオ族社会でみられる。

ヤオ族

従来漢族より、衣服の特長や居住環境などによって、「盤瑤」、「平地瑤」、「山地瑤」などと他称されてきたが、過山《かざん》ヤオ（盤《バン》ヤオ・板《バン》ヤオ・藍靛《ランタン》ヤオ）と非過山ヤオ（八排ヤオ・深山ヤオ・長毛ヤオ・花藍ヤオ）に大きく分かれる。ヤオ族は、広い地域に分散するが、今でも「盤瓠《ばんこ》」の伝説を広く伝える。

雲南にはじめに移動してきた時期については諸説あり、明初、明末清初、清代中期に入って、などである。雲南のヤオ族は、広く分散して小さく集まって住むという特徴がある。そのほとんどが後から高地に移住してきたということもあり、漢族、タイ族、チワン族などに影響されてきた。耕作地の多くは、斜面や谷間の木や竹の繁った土地であり、主に焼畑耕作を行っていたため、水田や畑はわずかであった。主な作物は、トウモロコシや陸稲であり、稗、蕎麦、芋、豆などである。

祭日の多くが宗教祭祀と密接に繋がっており、道教を主に信仰しているため、多くの神仙や神話上の人物が崇拝の対象になっている。

少数民族社会の現状と今後

これまでみてきたように、今なお伝統的な生活や文化を営む少数民族の地域や社会も少なくない。居住地域や民族によっては必ずしも豊かな地方ばかりではないが、それでもそれぞれ民族の個性ゆたかな生活や文化を保持し続ける少数民族の社会や人々の姿がそこにはある。しかしながら、元来少数民族が居住する地域は貧困地域が多く、なかでも辺境の山地系の少数民族社会では極貧の村々が今なお少なくないといわれている。まともに学校にさえ通えない厳しい教育環境におかれている少数民族の児童たち（特に辺境山地）も依然少なからず存在している。

このような状況にあって、さらに少数民族の「伝統社会」は急激に変革を迫られており、市場経済化の波は少数民族の村々にもその程度の差はあるものの、確実に押し寄せている。まさに現在中国政府が推し進める現代化（近代化）政策や世界におけるグローバル化による影響という二重の大波は容赦なく雲南各地の少数民族の村々にも襲いかかっている。中国政府は国内の格差問題に真剣に取り組んではいるものの、中国における辺境の村々までは未だその対策の成果は乏しく、むしろますます中国の先進地域との経済格差が広がり、より貧困化することで著しい社会変容を余儀なくされている地域も少なくないのではないかと考えられる。

その一方で、中国における観光ブームを背景に中国各地の少数民族地区を観光化し、また「少数民族」自身を商品化する傾向が多くみられるようになってきている。これはいわば「これまでのつくられた少数民族像」の商品化をよりメディアを通して企業的に売っていくということを意味している。それはすでに指摘したように、既成の少数民族の衣装をモデルが着てその民族を〝演じる〟ことと、それを〝みせられている〟我々という構図に通じるだろう。ただし、これら観光業や少数民族の「商品化」が現地の少数民族の社会や人々に多大に経済貢献するならばそれはそれでよいことであろう。しかし、実際には、その利益は少数民族社会の外部にもたらされ、少数民族社会は依然発展せず、いやむしろより貧困化する地域が存続し続けるおそれのあることが、最大の問題であろう。観光業などで「少数民族」を商品化して経済的に潤う少数民族地域（それも限定された地区のみ）だけが発展すればするほど、その一方で今なお貧困に苦しむ少数民族地域がますます貧困化していくという構造が、確かにある。この構造こそ、徐々にでも変革していかなければならない最大の課題であろう。

今後、少数民族社会は、より二極化に進んでいくことだろう。貧困に喘ぐ少数民族の社会では、中国国内の現代化と国際社会におけるグローバル化によりますます貧しくなっている。その一方で経済的に潤う少数民族地区（主に都市部）はますます発展している。まさに富める都市の一部はさらに富み、都市周辺の貧しい少数民族地区、なかでも山岳地帯は発展から取り残され、より貧しくなる現実がそこにある。

少数民族各世代の意識の変化はそれぞれ一様ではないが、少数民族を取り巻く政治経済的環境の変化は同様に進んでいると考えられる。富裕化する少数民族の若者は、当然民族服の着用は徐々に少なくなり、自らの民族文化に対する知識や関心がますます希薄になっていくかもしれない。一方、ますます貧困化する少数民族の若者は、自らの民族文化を顧みる余裕などなく、高い教育を受ける機会を失い、悪循環を生んでいくことが懸念される。

中国政府（特に地方政府）や少数民族幹部などは、広く少数民族地区で、その経済政策を押し進め、いかに豊かになれるかという課題を負っているが、その一方で、それぞれ民族文化をいかに保持するかというさらに難しい宿題を抱えている。まずは、これらの課題と宿題を多く抱える山地系少数民族の社会および人々に対して、いかに有効な政策を実行できるかが優先されるべきだと思われる。今後、「少数民族の世界」はかつての豊かな民族文化や伝承などを保持しながらも、変革を求められる現実との狭間で絶えず揺れ動いていくに違いない。

五　雲南スケッチ

少数民族と漢族がつくりあげた都市《まち》昆明

現在、大都市に成長した昆明は、元々は少数民族と漢族がつくりあげた都市（まち）である。南詔・大理時代に非漢民族がその原型をつくり、元代を経て、明代以降に移住した漢族が発展させてきた。このような昆明も近年開発が著しく、昔ながらの風景や建物などが徐々に見られなくなってきている。わずかに通りの名称などにその歴史の名残を留めるにすぎない。たとえば、拓東路（武成路）、東寺街、金碧路、文廟街、小西門《シャシーメン》などである。

元代にマルコ・ポーロは実際にこのまちを見聞し、その壮麗な様子を報告している。明代から清代にかけて、さらに城（郭）内の区画や城門などの整備が進んだ。城壁は、明代になるとそれまでの土塁からより強固なレンガ造りへと変わった。当時の城門を亀の頭や足に例えれば、南を向いた亀の配置のようであった。現在の「小西門」は亀の右前足つまり南西の門の名残である。まちの中には、元代より水利灌漑が整備された盤龍江と金汁河などが流れる。昆明はまさに滇池湖畔に位置する、水利開発された交通の要衝のまちであったといえよう。

金馬坊と碧鶏坊

金馬坊《きんばぼう》と碧鶏坊《へきけいぼう》は、金馬碧鶏坊と合わせて呼ばれたりするが、明代・宣徳年間に創建され、すでに四〇〇年の歳月が経つ。その間、何度となく焼失、破壊され、修復を繰り返し、最近では一九九九年に再建された。現在は金碧路と正義路（三市街）の交差点に悠然と佇み、昆明のシンボル的建物となっている。伝説によれば、日照りが続いた大昔のこと、西の山から飛び立ち烈火の如く燃え上がる碧鶏（当地の人々は鳳凰という名を知らず碧鶏と呼んだ）を東の山の金馬（燦燦と輝く金色の神馬）が助けようとしたが、一緒に大地に落ちて死んでしまった。人々が碧鶏と金馬を埋葬すると、そこから湧き水が出てきて、飢えと渇きに苦しんでいた人々の命を助けた。そこで人々は金馬と碧鶏のために坊（門）を昆明の街に建てたという。現在、昆明の東には金馬山と金馬関があり、西には碧鶏山と碧鶏関があって、左右一対の相対的地理空間となっている。それぞれの山の麓には、「金馬祠」と「碧鶏祠」が祀ってある。

〝金碧交輝〟という珍しい現象がみられるという。ある日没の前、金色の夕日が西から碧鶏を照らし、同時に東に上り始めた月の銀色の明かりが金馬坊を照らした時、二つの門の影が互いに交わる。これを〝金碧交輝〟というそうであるが、かつて清朝の道光年間のある年の中秋の夕方にこのような現象がみられたという。このような現象は、地球、月、太陽の運行角度などの関係から六〇年に一度起こると考えられている。これは、地球、月、太陽の運行角度など天文知識の上に、昆明周辺の金馬と碧鶏（鳳凰）の伝承を都市の中の建物に具現化し、昆明・滇池を中心とした世界観を提示するという、いわば都市文化の創造である。都市を吉祥で縁取りし、雲南特有の爛漫とした文化的色彩で彩ったことは、興味が尽きないものがあるだろう。

古塔と昆明古幢

現在昆明には全部で大小二三座の仏塔があるが、そのなかで一際目立つ存在が南詔時に建てられた東寺塔と西寺塔である。両塔は市街地の中心、東寺街と書林街にそれぞれ対峙するように建っている。東寺塔は、南詔国時代の八三〇年に創建され、一八三三年の地震で倒壊したが、一八八三年に再建された。四角い形の一三層でその高さはおよそ四〇メートルである。各層には小さな仏像が納められ、頂上部には翼を広げた四羽の鳥が立っている。一方、西寺塔は、八二九から八五九年の間に創建され、一四九九年の地震（雲南は日本と同様、地震多発地域でもある）で倒壊し、一五〇三年に再建された。形と層の数は東寺塔と同じであるが、高さは約三六メートルである。

一方、昆明古幢《こどう》は、一九一九年に地蔵寺跡から発掘された大理国時代の石塔である。古幢（こどう）とは、経文を刻んだ石柱のことである。高さは、およそ八メートル程で全体に七層から成る。まず、龍の浮彫《レリーフ》のある円筒形の基本の台に、経文などを刻んだ経石が置かれ、その上には邪鬼などを踏んで立つ四天王の姿が彫られている。第二層から上はほぼ同じ構成で八角を成し、八面のうち四方には仏を中心とする諸尊図、その間にある四隅には特定の尊格（観音など）が配置されている。尖端は宝珠形にしてサンスクリット語（梵字《ぼんじ》）で経石が刻まれており、石幢建立の由来と『般若波羅蜜多心経』（『般若心経』）が刻まれている。なお、このような石幢（あるいは経幢）に「ダーラニー」（陀羅尼）信仰との深い関わりを指摘する見方もある。「ダーラニー」（陀羅尼）とは「本来仏の教えを正しく記憶し伝えること」の意である。密教では「呪文」、すなわち神秘的な力をそなえた言葉の意で、その名残がこのような石に〃経幢〃化したものなのであろう。この石塔が建てられたのは、第七層にある『造幢記』に刻まれているように、大理国の鄯闡侯（昆明の領主）高明生の功績と高徳を讃えてのことに因る。

昆明古幢は、建造物的、宗教遺物的にも優れたものであるが、むしろその発掘された場所と伝承の関わりがとても興味深い。地蔵寺はすでに現在はないが、かつて昆明の金汁河沿いにあったとされ、この石塔は寺院内に建てられたと考えられる。では何故この場所に建てられたのだろうか。伝説によると、かつて昆明に九匹の龍が翠湖九龍池に棲んでいた。その後、一匹の龍が拓東路の金汁河に逃げた。その龍が特に凶暴で、毎年河川で暴れ、洪水を起こした。ある年、拓東城に来た僧侶が地蔵寺に来て、この経幢を建てて龍（蛟）を鎮めた。それ以降、洪水は起こらなかったという。このような龍（すなわち洪水の象徴）を治める、鎮静する伝承は、雲南各地に多くみられる。かつて河川の洪水や氾濫などをいかに治めるかがとても重要であったことは間違いない。この伝説には、水利灌漑がどのように進められたのかという歴史も垣間見られて、その地域

昆明古幢
（1985年撮影）

史の一端が知れて、とても面白い。

龍門石窟

滇池に面する西山の山頂近くに、道教の聖地の一つとして有名な龍門《りゅうもん》石窟がある。

これは三清閣から通天閣までの間にある道教石窟群であり、その間に一二にのぼる道教の殿閣が建てられた。三清閣は元代につくられたが、元代の雲南の為政者であった梁王の避暑の宮殿であり、明代に入ると沐氏の避暑の宮殿となったとされている。その後、慈雲洞までは清代に呉来清という貧しい道士《どうし》によって一四年の歳月をかけて掘られたという。そこから龍門石窟を経て通天閣に抜ける桟道は、やはり清代に楊汝蘭という人物が工人を組織して一三年間かけて開通させたものである。また、龍（竜）門はあの「登竜門」という言葉で有名だが、現地では「龍門」と書かれた門にはめ込まれている丸い石をなでるとご利益があるという。達天閣には三つの像が祀られている。一つは北斗七星の第一星で文章を司る神として魁星《かいせい》、一つは学問の神として文昌帝君、そして武神から財神（商売神）として位を上げ圧倒的人気のある神として関羽

龍門石窟
（眼下に滇池が広がる。1985年撮影）

が祀られている。このような道教石窟が彫られた岸壁から、眼下に広がる滇池の〝海〟はまさに絶景の一言に尽きよう。

なお、一九九一年、西山の麓に徐霞客記念館が没後三五〇年を記念して建てられている。また、滇池の東南の港町、昆陽は鄭和の生誕地・故郷として有名であるが、同地には鄭和本人による重要な碑文を保護する鄭和公園がある。

豊富な漢方薬

雲南は、中国の漢方薬の半分以上を占める一大採集地である。漢方薬は一般的に、植物薬、動物薬、鉱物薬に大きく分かれる。漢方薬といえば、植物薬のイメージが強いが、動物薬そして鉱物薬も重要な薬材なのである。既に「二　雲南の世界とその風景」でも触れたが、ここでは雲南で採れる代表的な植物薬を中心に、紹介することにしよう。

まずは、「田七《でんしち》」である。雲南省で最も有名な漢方薬と言ってもよく、「三七《さんしち》」とも呼ばれる。名前の由来は、種を蒔いてから三年ないし七年後に収穫するからとも、また一株から三本生え、一株から七枚の葉が生えるからとも言われている。その根、葉、花どれもが薬になり、胸のむかつきを抑制し、また止血効果もある。最近では癌の抑制効果まで期待されるようになってきている。明の著名な薬学者李時珍は、この「三七」を金に換えるに等しいほど優れ、価値があるものと述べている。清の『本草綱目拾遺』では人参は気を養い、三七は血を補ってくれ、どちらも薬のなかで貴いものであると断じている。主に文山州で栽培され、日本にも輸出されている。

「天麻《てんま》」は、主に鎮雄で栽培される、神経の病気に効く漢方薬である。頭痛、神経痛、高血圧、リュウマチなどに効果がある。「虫草」は、「冬虫夏草《とうちゅうかそう》」の名で知られる。昆虫に寄生した菌が生長したキノコの一種で、冬は虫に、夏は草にみえるところからその名がつけられた。腰痛や滋養強壮の薬として、肺の機能を強める。主な産地はシャングリラなどのチベット族地区ならびに怒江州である。「雲帰」は活血作用の薬である。腰痛や生理痛に効果があり、主に婦人科で使われている。「当帰」とも呼ばれ、麗江や剣川など標高二三〇〇メートル以上の高山で採れる。「雲南白薬」は、江川県の医者によって一九〇二年に発見された。止血効果や殺菌効果があり、これを使用した歯磨き粉もある。「天麻素片」は鎮静作用、安眠作用があって、神経衰弱や不眠症に効果がある。主に昆明で生産されている。

このような薬を扱う老舗《しにせ》は昔から数軒は存在したが、なかでも福林堂は有名である。その木造の佇まいは古めかしさを通り越して、ある種の威厳さえ漂わせている。また、漢方薬の市場として多くの問屋が軒を連ねるのが菊花村漢方薬市場である。同市場は昆明市内随一の規模を誇る。

南詔国の発祥地、巍山

大理の南、一山越えるとそこには巍山《ぎさん》と呼ばれる壩子があり、街の中心には巍山古城があり、郊外には道教や仏教そして現地少数民族イ族の信仰する廟や寺などがある巍宝山が聳える。巍宝山は南詔の発祥地である。南詔の始祖細奴羅が耕作や牧畜を始めた地域とされている。この細奴羅を祀ったのが南詔土主廟と呼ばれ、別名「巡山殿」である。この土主廟は、同地域に居住するイ族の人々の崇拝対象であり、毎年正月一五・一六の両日、多くのイ族の人々が廟に供物を持ってお参りにやってくる。そこではイ族特有の「打歌《ダーグー》」が行われ、にぎやかな「祝祭の空間」一色に染められる。「四　多様な少数民族の世界」「(7)イ族」「土主信仰」でも触れたが、元々は土主廟の始まりはイ族による南詔王の祭祀、すなわち祖先祭祀的要素が強かったのではないかと考えられる。やがて南詔王も信奉した密教の大黒天神が、大理以外の地域、特に昆明などでその祭祀の重要な対象となっていったと考えられる。

その後、巍宝山は道教ならびに仏教の名山となり、巡山殿を含めて二〇余りの道観殿宇が集中的に創建されていった。現在は若干の仏教寺院もみられるが、そのプロセスについては、まず地域の英雄を祀る土主廟（巡山殿）ができ、次に仏教寺院の建立が開始され、漢族の支配が強化され移住漢族が増えることによって、道士の流入が増加して道教祀廟が増えていったのであろうと推測される。多くの施設はより道教化の影響を強く受けてきた。なお、巍山のまちの中心に建てられた巍山

大理三塔の一つ
（1985年撮影）

古城は、歴史文化名城として今なお昔の面影を伝えている。

大理三塔と鶏足山

大理国では仏教の信仰が盛んであったことは、「二 雲南の歴史」で触れた。大理国は、仏教なかでも密教を保護し、「仏の国」とも呼ばれた。多くの寺院が建立されたが、そのなかでも崇聖寺は有名である。それは今なお崇聖寺三塔が大理地方の仏教文化を代表するかのように大理の大地にしっかり佇んでいる。崇聖寺は、清の咸豊・同治年間（一八五一～一八七四年）の間に焼失し、現在は三塔のみ残されているだけである。三塔は、大理古城の北一・五キロメートルにある一大二小の塔である。大塔は千尋塔（全称、法界通霊明道乗塔）と呼ばれ、南詔勧豊佑時代（紀元八二三年～八五四年）に建立された典型的な唐代建築風の塔で、しかも方形一六層密集軒下空心式のレンガ塔である。二層の高大な土台に建ち、高さ六九・一三メートルで、仏壇、仏像、梵文経書を納める。中は空っぽで、直壁、木のはしごで上り下りする。南北の二つの小塔は、典型的宋代の建築風である。大理国段正厳、段正興の時代（一一〇八～一一七二年）に建立され、高さが四二・一九メートルある、八角形十層楼閣式空心レンガ塔である。普通仏塔は奇数を主となすが、三塔の階数とも偶数である。

大理地方の仏教文化を語る際に忘れてはいけないのが、鶏足山《けいそくさん》の仏教寺院群であろう。鶏足山は仏教の隆盛地である仏教四大名山（峨眉・五台・九華・普陀）の次との声も強い。所在は賓川地方である。その地勢が鶏の足の形に似ることから鶏足山と名づけられた。仏教建設は唐代から始まり、その最盛期は明清時期である。たとえば、清の康熙帝の時代には、金頂寺、祝聖寺など八つの大寺、伝灯寺（銅瓦殿）、太子閣、九蓮寺、迦叶殿など三四の小寺、慧灯庵など五の庵院、一七〇の静室が建てられるまでに隆盛を極め、数多くの僧侶たちがこれら仏教施設で修行に励んでいたという。

三月市（三月街）

歴史上、宗教と経済は表裏一体に絡み合っていることが少なくないが、雲南の場合も例外ではない。その好例が「観音市《かんのんいち》」、「観音節」とも呼ばれる大理の代表的な祭日《さいじつ》である。「四　多様な少数民族の世界」「(2)ペー族」で触れたが、その由来は仏教の縁日と結びついたものである。毎年旧暦三月一五日から二〇日まで開かれるので、「三月街」「三月市」とも呼ばれている。

伝説によれば、旧三月一五日頃、観音菩薩が蒼山に羅刹（妖魔）を退治に来た後、仏法を説かれて天へ昇られた。人々は観音様を偲んで、毎年この時期にお香を焚いて祭祀を行うようになり、お香、蠟燭《ろうそく》、お菓子、果物などを売り買いしていたら、いつしか定期市に発展したという。それ以来、毎年この時期に市をたて、巨大な物資交流の場となっていった。仏様の参拝と同時に、ラバ、馬、材木、薬、茶、毛皮などの特産物の交易を盛んに行ったのである。古来非常に壮観であったと、明代の李元陽の編纂『雲南通志』にも記述されているほどである。大理地方では密教の大黒天神を祀っていたが、徐々に観音信仰が広まり篤く信仰されるようになっていったという。大理と昆明のペー族、イ族、漢族は、毎年三月あるいは五月に観音廟会を開催する。点蒼山中和峰の中和寺、感通寺などはその代表的寺院である。

水の都市《まち》麗江

数々の峰が連なり最高峰扇子陡を頂に雪を冠した神秘で美しい山、玉龍雪山《ぎょくりゅうせつざん》（五五九六メートル）の麓、標高二四〇〇メートルの高原壩子に、麗江はある。市街地は今なお昔の町並みを残す古城（旧市街）と新市街に分かれている。麗江古城は一九九七年に世界文化遺産として登録された。古城が築かれたのは約八〇〇年前の南宋時代であり、今なお瓦屋根の家々が軒を連ねる。石畳も縦横にはしり、水路が網の目のように張り巡らされている。水路の水は、玉龍雪山の雪融け水で、かつて麗江の街（主に古城地区）はこのような天然豊かな水を無駄のない方法で活用されてきた。それは川上から川下へ順に利用する伝統的な水利慣行であった。旧市街の表玄関にあたる玉龍橋の下には、玉龍河の清流が流れ、古城内を巡っている。このような合理的な「水循環型まちづくり」の開発を行ったのは、ナシ族土司の木氏といわれている。近年、世界文化遺産に登録を受けたことで観光業など外部から多くの人々が流入してきたことによる弊害で、それまでの古城の主な住民であったナシ族の人々が立ち退きや移住を余儀なくされている状況がみられるようになり、〝水を循環する本来のナシ族社会〟が変質へと向かっているという指摘もされてきている。

麗江周辺の見所といえば、玉泉公園、別名黒龍潭、その園内に明代からの五鳳楼、五孔橋、そして東巴（トンパ）文化研究所や博物館などがある。北へ八キロメートル行けば、麗江の発祥地とも言われる白沙という村があり、そこは古い町並みを今なお留めている。同地には、貴重な壁画が残る寺院もある。

水路のある風景
（麗江にて。1986年撮影）

雲南最大のチベット寺院、松賛林寺

松賛林寺はチベット語で「ソンツェンリン・ゴンパ」と呼ばれ、一六八一年にダライ・ラマ五世によって建立された雲南最古にして最大のチベット仏教最大宗派ゲルク派の寺院である。ソンツェンリンとは、天界諸神の遊戯の地という意味があるそうで、漢訳では「帰化寺」と呼ばれる。香格里拉の街から北四キロメートルの丘にたつその壮大な伽藍《がらん》は、「小ポタラ宮」とさえ称されている。多くのチベット寺院同様に、文革の時に破壊されたが、その後再建された。

山門から塀で囲まれた境内に入り、長い階段を上って丘の上の五階建てチベット式建築の伽藍をめざす。伽藍の中央には「扎倉」と「吉康」の二つの大殿がある。大殿内部は一六〇〇人ほどを収容できる広大な空間となっている。壁にはチベット伝統の絵が描かれており、正面には仏像が安置されている。毎日、五〇〇人を超える僧侶が修行に励んでいるという。チベット族は、出家して仏寺で修行して功徳を積むことを名誉なこととして考えている。男子は一〇歳前後になると、寺に入って、まずはチベット語、サンスクリット（梵語《ぼんご》）を学習し、師に就いて修行、受戒する。後に〝班卓〟すなわち僧侶の見習いとなる。その後、雑役を一〇年以上しながら苦学して、二〇歳でラサの三大寺に再度、受戒《じゅかい》する。最終的にダライ＝ラマから学位を受けて、仏教学に精通した高僧の証《あかし》を受取るのである。このように宗教の等級とゲルク派の学位制度とは深く結びついている。

西双版納と徳宏

一九五三年に成立した西双版納タイ族自治州は、雲南省の西南部に位置し、ミャンマー、ラオスと国境を接する。タイ族以外に一二の少数民族と漢族が居住する。西双版納《シーサンパンナ》とは、本来タイ・ルー語で〝シップソン・パンナー〟と言い、「シップ・ソン」は一二、「パンナー」は千の稲田を意味する。すなわち「一二の千田」の意であるが、千田は水田の広さを測る単位とも言われている。この区分が後に「一二の行政地域」となっていった。同州のタイ族は、漢族から「水タイ」と呼ばれるように、その多くは州中央を流れる瀾滄江《らんそうこう》（メコン川上流）沿い、またはその支流の川沿いに居住する。州都は景洪《チェンフン》と呼ばれ、タイ語で「黎明の都市（城壁）」の意味がある。昔から東南アジア各地との交易の中心として、主に茶の交易の中心として栄えた。景洪は瀾滄江に沿って広がる小さな街であるが、かつての車里王国（土司）の首都として今なおその名残を留めている。

一方、徳宏《ドウーホン》タイ族ジンポー族自治州は雲南の西部に位置し、怒江《ヌー》（サルウィン川上流）、イラワジ川の二つの大河が貫流する。平地ではタイ族、山地ではジンポー族が多く、その他少数民族や漢族が居住している。徳宏とは、タイ語で「怒江下流の地方」という意味である。同州の三方はミャンマーと国境を接するため、昔から交易が盛んで、インドへ通じるルートは「西南シルクロード」とも呼ばれている。州都は潞西《ルーシー》で、かつては芒市とも呼ばれたこの街はタイ族（タイ・ナー族）が多く、仏教寺院も多いことで知られる。かつての王国の都であったが、早くから漢族に進入されてきたため、今はその面影は薄い。現在は、ミャンマー国境の瑞麗《ルイリー》地域が経済的、交易的にも発展を遂げつつある。

タイ族の仏塔
（徳宏潞西市郊外にて。1993年撮影）

上座部仏教と仏塔・寺（亭）

雲南タイ族は、上座部仏教（南伝仏教・サンスクリットでテーラーバーダ）を敬虔に信仰しているが、ではいつ雲南のタイ族地区に伝えられたのであろうか。一二世紀とする説や一三世紀末、あるいは一四世紀から一六世紀にかけて伝わったとするいくつかの説があって、現在はまだ定説をみていない。タイ語で上座部仏教のことを「シャワカ（沙瓦卡）」と言う。仏祖釈迦牟尼《しゃかむに》を手本に個人で修行し、寺に入って僧となり、徐々に昇級して最後には仏の列に加わることを提唱する。出家せずに修行する人々は、「賧《ダン》」という行動を通して、個人で善行を積めば、最終的には涅槃《ねはん》（サンスクリットでニルヴァーナの音写語）に達することができるとする。

寺院はタイ語で「ワ（瓦）」あるいは「ワット」（vat）と言い、パーリ語（経典に使われる文語）のvanaつまり、「樹木の茂った庭の意」から由来しているとされている。寺院内では、本堂に釈迦牟尼の塑像が安置されており、そこでは読経や様々な宗教の儀礼や活動を行い、出家僧が住み込みで修行を行う。西双版納や徳宏では、ほとんどのタイ族の村に一つの寺院があった。かつてはこの仏寺組織と行政組織は、西双版納統治者であったチャオピェンリン（召片領）ならびにチャオモン（小領主）を頂点とする権力に掌握され、いくつかの等級に区分された階層社会をつくりあげてきた。それは宗教も枠外ではない。フウバ（巴）を最高位に、以下、大仏爺―仏爺―和尚―ハヨンなど一〇の等級の僧侶組織が存在していた。チャオピェンリンやチャオモンも高位の僧侶の尊称を持つため、政治・行政に対応するような形で、チャオピェンリンの下に、僧侶組織が位置づけられる形で宗教的かつ政治的ヒエラルキーが形成されていた。具体的に言えば、かつての允帕坎（土司の政治・行政などの中心地域、宣慰街とも呼ばれた）の地域に設けられた最高の寺「瓦竜《ワロン》」を頂点に、各タイ族地区の行政単位に相当する形で、西双版納における末端の村の寺まで組織されていたのである。現在はそのような組織はない。

現在残る観光名所でも有名な仏塔や寺院などは少なくないが、そのなかでも曼飛龍《マンフェイロン》の仏塔、景真八角亭、曼閣寺などが有名である。まず、曼飛龍の仏塔は、景洪からミャンマー国境に向かっておよそ六〇キロメートル離れた大勐龍区の曼飛龍と呼ばれる村落の背後の小高い山の上にたっている。それは、その様子からタイ語では「雨後の筍（たけのこ）」とも呼ばれる白塔で、現地のタイ族領主によって創建された（一説によると一二〇四年）。塔の基段である「須彌座」は八角形からなり、その上に九つの塔がたっている。中心におよそ一六メートルもある大塔がそそり立ち、その回りを八つの小塔（約九メートル）がとり囲むように配置されている。各小塔の前には、それぞれ仏像を納めた大きな祠状の建物が小塔と一体となってそなえられている。塔の白さに、カラフルに彩られた祠状の建物の風情は、まさに東南アジアの仏教遺跡の佇まいと同様なものを感じさせてくれる。次に、景真八角亭は、一七〇一年（タイ暦一〇六三年）に勐海《モンハイ》の郊外に建立された、高さ一五・四二メートルの煉瓦と木で造られた八組十層の懸山式屋根を持つ建造物である。実はこの建造物は寺院ではなく、経典を納めるものである。重要な仏教建築物として一九八八年に中国国内で重要文化財に指定されている。タイ族の村にはそれぞれ寺があることは述べたが、そのなかでも有名な寺として曼閣《マングー》寺を挙げておきたい。この寺は、景洪に近い瀾滄江東岸の曼閣、すなわち閣の村で村民たちが建てたものである。一説によると一四七七年に創建された古い寺とされている。西双版納地域におけるタイ族の典型的な寺の一つと言ってもいいだろう。

おわりに

雲南は、我々日本人にとって近年身近な世界となりつつある。いまだ未知の部分は少なくないが、とても魅力的な地域であり続けている。雲南は、「やれ秘境だ」「やれ少数民族だ」「やれ茶の源流の地だ」などと日本のマスコミなどに取上げられ、イメージだけが先行するきらいがあった。私が知る限り、これまで日本において雲南の歴史、民族、文化などを概説的にまとめた書籍は多くないと言える。確かに、各分野に関する書籍（例えば地質・建築・民俗・照葉樹林・そして少数民族など）や、旅行ブック、写真集などはこれまでも出版されてきたが、日本語による雲南の概説書・入門書的な書籍はこれまでほとんど出版されてこなかったと言えるだろう。

本書は、これから雲南について調べる、あるいは研究しようという読者の参考に資することを目的として、執筆したものである。まだまだ筆者の力不足の感は否めないが、本書によって雲南とはどのような世界か、雲南がいかにして多様な世界を形成してきたかを少しでも理解いただければ、幸いである。執筆にあたり、説明や認識の不足している点も少なくないと思う。ご叱咤ご叱正を乞う次第である。

本書は、日本における雲南に関する主な研究、たとえば白鳥芳郎氏、牧野巽氏、藤澤義美氏などの先駆的な研究をはじめ、これまでの日本人研究者の研究成果を踏まえながら、主に中国語文献を参考に筆者なりの考えをもって執筆したものである。そこで、本書をまとめるに際し、主にどのような文献を参考にしたのかを記しておきたい。

まず、雲南の全体や概略については、『雲南百科全書』（雲南百科全書編集委員会編、中国大百科全書出版社、一九九九年）、『雲南辞典』（雲南辞典編集委員会編、雲南人民出版社、一九九三年）、『当代中国的雲南（上）（下）』（同編集、当代中国出版社、一九九一年）などを通じて知ることができる。これらの書は、雲南の歴史の流れや人物、組織・機関名など全体像を知るには便利である。また、『雲南―可愛的地方』（雲南日報社新聞研究所編、雲南人民出版社、一九八四年）、『雲南省情』（中共雲南省委政策研究室編、雲南人民出版社、一九八六年）などは現在においても参考になるだろう。

次に、地理・地形・地質等では、『雲南地理概況』（昆明師範学院史地系編、雲南人民出版社、一九七八年）、『雲南省地理』（雲南省地理研究所主編、雲南教育出版社、一九九〇年）、『雲南農業地理』（同編集、雲南人民出版社、一九八一年）、『雲南山区経済』（徐敬君、雲南人民出版社、一九八三年）などによって、雲南の地質や地形の特長を知ることができる。なかでも後者二冊は、雲南の農業地理と山地経済のいろいろな側面が示されており、有益である。

植生の分野・領域では、『雲南的植物』（中国科学院昆明植物研究所編、一九九〇年）、『雲南植被生態景観』（中国科学院昆明生態研究所、雲南農業区画委員会弁公室編、中国林業出版社、一九九四年）『雲南資源植物学』（熊子仙、雲南教育出版社、一九九七年）などがあり、これら文献は雲南の植生の特長や地域性を教えてくれる。

歴史に関する中国語文献は、近年少なからず出版されている。まず、歴史全般にわたる通史的概説書としては『雲南簡史』（馬曜編、雲南人民出版社、一九八三年）が挙げられよう。同書は、馬曜編『雲南各族古代史略』をコンパクトにして出版したものである。ただし、『雲南各族古代史略』は図版が多く挿入されているのに対し、『雲南簡史』ではその多くがカットされ、図表などの資料も少ない。

各時代の歴史・制度や各地域の風土・経済・文化などを扱った文献としては滇池地区の歴史地理学的分析による好著『滇池地区歴史地理』（於希賢、雲南人民出版社、一九八一年）、考古学者の張増祺による滇文化と石寨山遺跡の書籍『滇国与滇文化』（雲南美術出版社、一九九七年）・『晋寧石寨山』（雲南美術出版社、一九九八年）・『滇文化』（文物出版社、二〇〇一年）、雲南を含む中国西南地方を辺境開発の視点で論じた『中国西南辺疆開発史』（方鉄・方彗、雲南人民出版社、一九九七年）、南詔国・大理国の文化全般を論じた『南詔大理国文化』（詹全友、四川人民出版社、二〇〇二年）、明代の統治に関する『明代雲南政区治所研究』（陳慶江、民族出版社、二〇〇二年）、明清の土司・土官を地域別に民族・系譜・漢籍文献などをリスト化し概説した『明清雲南土司通纂』（龔蔭、雲南民族出版社、一九八五年）、経済からみた雲南近代史『雲南近代経済史』（雲南省経済研究所編、雲南民族出版社、一九九五年）、雲南への漢族移民の論考『漢族移民入滇史話—南京柳樹湾高石坎』（郝正治、雲南大学出版社、一九九八年）、江応梁が論じた明代にみる雲南への漢族移民の動向分析「明代外地移民進入雲南考」『中国移民史略』第四章（田方・陳一筠、知識出版社、一九八六年）、そして豊富に鉱山資源を有する雲南の冶金史を纏めた『雲南冶金史』（雲南大学歴史系、雲南人民出版社、一九八〇年）、『雲南冶金史』（張増祺、雲南美術出版社、二〇〇〇年）、雲南ならびに中国における貝幣の歴史を詳細に研究した『貝幣研究』（楊寿川、雲南大学出版社、一九九七年）などがある。また、『清末民初的雲南社会』（雲南省档案館、雲南人民出版社、二〇〇五年）、『民国雲南彝族統治集団研究』（潘先林、雲南大学出版社、一九九九年）なども参考になる。

人物史や系譜資料などとして『賽典赤・贍思丁評伝』（李清升、雲南民族出版社、一九九八年）、『劉雲伝』（謝本書、四川民族出版社、一九八八年）、『鄭和家世資料』（中国航海史研究会〈等編〉、人民交通出版社、一九八五年）、『明沐氏与中国雲南之開発』（辛法春、文史哲出版社、一九八五年、台湾）などがあり、いかに雲南の歴史でそれぞれ人物の動向が重要であったかが認識される。

民族に関しては、主に少数民族を概説したものと、それぞれの民族に固有の分野を扱う文献がある。まず、概説的なものとしては、『雲南少数民族（修訂本）』（雲南省歴史研究所編、雲南人民出版社、一九八三年）、『雲南少数民族概覧』（郭浄・段玉明・楊福泉〔主編〕、雲南人民出版社、一九九九年）などが参考になる。民族識別を論じたものとしては、『中国的民族識別―五六個民族的来歴』（黄光学・施聯朱〔編〕、民族出版社、二〇〇五年）、『民族識別与民族研究文集』（施聯朱、中央民族大学出版社、二〇〇九年）などがあり、その概要を知ることができる。

少数民族の宗教を扱ったものとしては、『雲南宗教概況』（顔思久〔主編〕、楊学政〔その他〕著、雲南大学出版社、一九九一年）、『雲南宗教史』（楊学政〔主編〕、雲南省社会科学院宗教研究所、雲南人民出版社、一九九九年）、『基督教与雲南少数民族』（韓軍学、雲南人民出版社、二〇〇〇年）、『雲南伊斯蘭教史』（姚継徳〔等編〕、雲南大学出版社、二〇〇五年）などが出版されている。少数民族だけではなく、雲南の漢族の宗教に関する研究成果も徐々に明らかになってきているといえる。

文化全般を論じたものは、『雲南的民族与民族文化』（王文光〔他編〕、雲南教育出版社、二〇〇五年）、『明清時期雲南的経済与文化』（華世、雲南民族出版社、二〇〇一年）などがあり、民族と経済という視点から雲南特有の文化のあり方が問われている。

近年の雲南少数民族を取り巻く状況については、『雲南民族地区発展報告二〇〇七～二〇〇八』（郭家驥〔主編〕、雲南大学出版社、二〇〇八年）が参考になる。

雲南各地の風物や風土誌としては、まず風物誌シリーズの『昆明風物誌』（二〇〇一年）、『大理風物誌』（二〇〇〇年）、『麗江風物誌』（一九九九年）、『新編紅河風物誌』（二〇〇〇年）などが挙げられる。少し古いが貴重な記述がみられるものとして、『雲南風采』（趙延光〔編〕、人民日報出版社、一九九〇年）、『雲南風物誌』（雲南教育出版社、一九八六年）、『老昆明故事』（羅新元〔主編〕、雲南民族出版社、二〇〇一年）などが大いに参考になるだろう。

古跡・文物に関しては、『雲南文物古跡』（李昆声、雲南人民出版社、一九八四年）、『雲南文物古蹟大全』（邱宣充・張瑛華〔編著〕、雲南人民出版社、一九九二年）などあり、これらから雲南各地の状況を知ることができる。

ここにとりあげた文献以外にも、貴重な参考文献は少なくないが、紙幅の関係で割愛させていただく。

最後に、本書でとりあげた壩子や馬幇の図や、少数民族に関するデータの概念図については、私がかつて公にしたもので、下記の拙論のなかに掲載した一部である。参考のために、ここに記しておきたい。栗原悟「雲南史研究の諸問題―その課題と展望」（『東南アジア―歴史と文化』十七、山川出版社、一九八八年）、同「清末民国期の雲南における交易圏と輸送網―馬幇のはたした役割について―」（『東洋史研究』五〇-一、一九九一年）など。

私は、今後もひき続き雲南とはいかなる世界なのかを探求していくとともに、今後は視点を変えて、雲南から日本あるいはアジア、そして世界がどのように見えるかも考察してみたいと考えている。

[著者略歴]
栗原　悟（くりはら　さとし）
1957年、神奈川県生まれ。上智大学文学部史学科卒業。1987年、上智大学大学院文学研究科博士後期課程単位取得退学。現在、相模女子大学人間社会学部学部長（社会マネジメント学科教授）。
主な著作物に、共著『静かな社会変動』（岩波講座『現代中国』第3巻、1989年）、監訳書（解説文も）『大地と民―中国少数民族の生活と文化』（海外文化振興協会、1995年）、共訳書『中国少数民族の婚姻と家族 上・中・下（3冊）』（第一書房、1996年）などがある。

〈あじあブックス〉
雲南《うんなん》の多様《たよう》な世界《せかい》――歴史《れきし》・民族《みんぞく》・文化《ぶんか》

NDC222／口絵 iv, 224p／19cm

初版第1刷――2011年5月10日

著者――栗原《くりはら》　悟《さとし》
発行者――鈴木一行
発行所――株式会社大修館書店
〒113-8541 東京都文京区湯島 2-1-1
電話03-3868-2651（販売部）03-3868-2290（編集部）
振替 00190-7-40504
[出版情報] http://www.taishukan.co.jp

装丁者――下川雅敏
印刷所――壮光舎印刷
製本所――ブロケード

ISBN978-4-469-23313-1　Printed in Japan